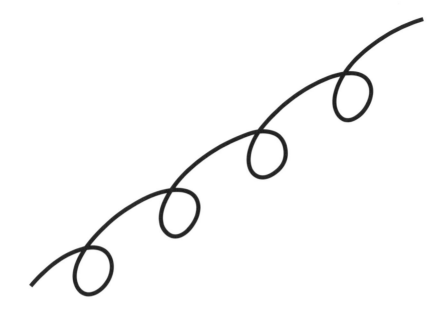

原　則
屬 於 你 的 引 導 式 筆 記

橋水基金創辦人、《原則》系列作者

瑞·達利歐 RAY DALIO

PRINCIPLES
YOUR GUIDED JOURNAL

目次

為什麼我想幫讀者擁有自己的原則

　　此時此刻，我特別想幫助你想清楚、並寫下為自己量身打造的各項原則，以便能夠輕易地查閱和分享這些原則。我很想這麼做，原因出於我的親身體驗，基於原則的思維能夠對自己和無數人的生活產生重大影響。

　　這是我這趟漫長人生旅程合理的下一階段。約在四十年前，我偶然開始思考自己的現實遭遇，並且提筆寫下我成功應對現實的一些原則。最初我從個人投資方面著手，接著一步步為我創辦的橋水公司打造了企業文化，然後逐漸在自己人生的方方面面確立各種原則。這使我們對尋求的目標、現實世界運作之道，以及對不同處境中做好決策所需的各項原則，有了極為明確的認知，因而更為成功。這些原則大都很明確，因此能把它們編寫成電腦程式碼，然後讓電腦比照人腦的方式來吸收當中資訊，並做出各種與我們人類不相上下的決斷。這使我們能以更快速、更不情緒化地做成更多複雜的決策，進而走向下一階段的大幅成長。

　　秉持原則來思考的過程，也改變了我對所遭遇的一切現實的看法，從而找出更有效應對現實的方法。我看清楚，大多數事情總是反覆不斷地發生，但有或大或小的差異，這是因為事物背後的因果關係始終隨著時間流逝而重複和進化。我觀察到，世事一貫如此，在時間長河中推動萬事萬物的向來是因果關係。我學習到，當宇宙大爆炸發生時，宇宙所有法則和力量隨之生成，並且持續向前推進，不論是星系的結構、地球的地理和生態系統、人類的經濟與市場、債務危機、世界秩序的變化，以及我們每個人，都像是一組組相互搭配運作的複雜機器那樣，在時間推移的過程裡不斷地彼此互動。我們每個個體都是由許多不同的零件（循環系統、神經系統等）組成的複雜「機器」，於是能夠產生思維、夢想、情緒以及獨

特個性等的方方面面。我領會到，昔日發生過和當下正發生的所有事情，都像機器那樣運作，並且一起進化，由此創造出我們日常經歷的現實情況。藉由辨識日常現實的各類型態，和發展自己應對現實的種種原則，我能夠更妥善的準備，好去處理、甚至影響任何迎面而來的事情。擁有良好的處理問題原則，正是橋水公司和我的成功之道。

我的人生在五年前步入新階段，彼時我最重要的事莫過於分享所學、所知。我寫了《原則：生活和工作》（*Principles: Life & Work*）這本書，與讀者分享依原則處事的方法，以及在生活和工作上收集的種種原則。此書帶來了令我意想不到的廣大影響。它已被翻譯成三十二種語言版本，全球銷量超過四百萬冊。根據這本書製作的動畫影片《成功的原則》（*Principles for Success*）觀看人次逾三千萬。接著，我又寫了兩本書討論不同類型的原則，書名分別是《大債危機：橋水基金應對債務危機的原則》（*Principles for Navigating Big Debt Crises*），以及《變化中的世界秩序：橋水基金應對國家興衰的原則》（*Principles for Dealing with the Changing World Order*）。此外，我還創作了兩部動畫影片《經濟機器是怎樣運行的》（*How the Economic Machine Works*）和《變化中的世界秩序》（*The Changing World Order*），也都極為成功，觀看人次已超越一億。

在過去五年期間，我與無數人有過良好互動，他們異口同聲告訴我，原則改變了他們的人生。也有許多人徵詢我的建議，要我幫助他們建立自己的各項原則。

於是我創作了這本筆記書，好協助讀者踏上旅程，著手思考自身的現實處境，並逐步找到屬於自己的種種原則，以有效應對現

實。我期望本書猶如你個人的庇護所，讓你能夠投入其中，深思正在發生的一切，並考慮善加因應之道。你在這本筆記書裡寫下的種種省思，將成為你最有價值的資產。我有信心，只要你著手去做，人生將突飛猛進。

　　讓我們啟程吧。

原則的基本概念

原則是什麼？

原則是一種途徑，藉由原則可以應對現實，獲得人生所求。原則可以被反覆應用於各種類似的處境，好幫助你達成各式目標。我們每個人、每一天都必須回應所面臨的諸多突如其來的情況；如果沒有原則，將被迫個別且不經思考地因應，彷彿我們是第一次經歷這些事。而倘若我們擁有妥善處理這些境況的優質原則，視為「情景再現」，我們將能夠更加迅速地做出更高品質的決策，生活過得更美好。

如果你寫下每回體驗的每件事（例如小孩誕生、失業、與人爭執），分門別類，記錄和彙整其處理方式，很可能會發現，在成千上百的事項裡，只有少數幾件是獨一無二、無法歸類。或許你想實際驗證一下。只要你出手，就會明白我所言屬實，也將著手建立一個清單，列出自己必須思考並建立原則的事物。

為什麼你需要有原則？

擁有一套良好的原則，如同收藏了一組有效的成功方法。所有持續表現優異的成功者都有其創造成功紀錄所依循的決策法則。你的整套原則基本上是你日常生活奉行、靠自己努力而成的信仰。

為什麼你必須擁有自己的原則？

你有自己的價值觀和目標，因此需要各項專屬的原則。儘管你可以從其他人獲取一些原則，但這些原則必須符合你所需。你必須深切信守並且將其內化，好能習以為常地遵循。你和你的原則必須相符，才能做到言行一致。原則不是唱高調或講求政治正確，畢竟你不是真心相信。

為什麼你應當寫下自己的原則？

如果你寫下自己的各項原則：

1. 你將對這些原則深思熟慮。

倘若你停下來思考自己應對種種境遇的原則，而且寫進筆記裡，那麼日後處理類似處境並且反省這些原則時，將會更加深入思索，使你的各項原則進一步優化。

2. 你會用更具有原則的方式思考。

我所說的基於原則的思考，意味著從更高層次觀察現實、留意多數事情大體上基於一些相同的理由反覆地發生，並思量你應對這些事情的各項原則。你會發現，經由這個省思和寫下種種原則的過程，你的觀點將有所轉變，而且會自然而然「昇華」到更高層次，這將引導你用更為由上而下的、秉持原則的方式來理解事情。你將超然於突如其來的繁雜紛亂事物之上，而且將看清它們多數只是「情景再現」，藉由你的原則將可妥善處理。你也將以更客觀的角度看待自己、更透徹地明瞭自己的處境，以及進一步了解因果關係。你將洞悉種種前所未見的重要模式，為了獲致更好的成效來改變作為。比如說，我不斷觀察自己如何應對慘痛的境遇，並且處理得好，有時則很糟糕，由此領悟到**痛苦＋反省＝進步**的原則。隨著一再親自證實它真確無誤，這條原則變得益加清晰明白，並且被我內化、養成對艱困境遇的慣性反應。苦難的處境自然而然地引領我自省，以求進一步領略各種現實境遇的作用，和探悉如何更有效應對它們。你昇華得愈高，會愈有效地應對現實處境、形塑結果，進而達成目標，而且那些看來無比複雜的事情，也將變得簡簡單單。

你將能夠更妥適地理解和處理現實，而且你的人生將更加美滿和成功。

3. 你的溝通能力將優化，他人從而更理解你，你也能更理解他人。

　　提筆寫下自己的各項原則，有助於你與他人相互學習、加深彼此的了解，以及更有效的合作。因此，我期許每個人把種種原則寫成筆記。我很想知道愛因斯坦（Albert Einstein）、賈伯斯（Steve Jobs）、邱吉爾（Winston Churchill）、達文西（Leonardo da Vinci）、金恩博士（Martin Luther King Jr.）等人秉持的各項原則，以求明確理解他們追尋的目標、如何實現目標，以及比較方法的不同之處。我也想了解那些想得到我的選票的政要和所有在決策上會影響我的人所珍視的原則。此時此刻，明白我們所持原則實為至關緊要之事。我想知道作為家庭、社群、民族一分子和跨國友人的我們，是否有能緊密連結的共通原則，或者是否存有導致我們彼此分化的對立原則？這些是什麼樣的原則呢？明確來說，我很高興能藉由寫下各項原則，讓自己在辭世後對孫輩提供建議，使他們在年齡夠大、足以理解原則時用得上。我期望最終能創造出一種數位工具，讓人們提出各自應對不同境遇的種種原則，以供大眾審視和投票表達贊同或反對意見，如此那些廣獲認可的最優質原則，將成為眾人可以輕易得到且參考的最佳處世原則。而首先我想幫助你找出各種適合你的優良原則，並且**把它們寫下來**。

　　雖然這聽起來像是費時耗力的事情，但事實並非如此。你只需著手做筆記，然後看看會產生什麼結果。如果你需要引導，接下來的章節有一些可供你參考的指引，但你未必要照著做。

原則

思考並且決定

（1）你想要什麼，（2）什麼是正確的

（3）如何根據（2）以達到（1）……

……抱著謙卑和開放的心態，你就能想出最好的方法。

這本引導筆記書如何發揮作用

　　儘管我期望讀者能隨心所欲運用這本筆記，但我創作此書時懷有三大目標，以及達成這些目標的三大途徑。

我的目標是：

1. 幫助你把經驗轉化為對現實運作方式的省思和種種原則，來據以妥善應對現實，以求得償所願。

2. 促使你寫下自己的各項原則，好在再次遇上類似境況時參照、用來與他人交流，和隨著時間推移修改原則。

3. 協助你領會和練習如何基於原則來進行思考。

達成這些目標的三個途徑是：

1. 直接跳到第 104 頁，從寫筆記著手。

　　我知道許多人在空白頁上寫東西時能更深入反省，因此這本筆記書有許多設計來供讀者隨心使用的留白，同時，我偶爾會加入若干提示和對一些原則的解說。

2. 從本書前面的部分任選幾個練習開始。

　　這些任選的練習將幫助你做足準備，以利你想清楚自己的原則。我長年運用這些練習的各種版本來幫人發展基於原則的思考。即使你不想從此處著手，依然可以隨時回來做這些練習。

3. 搭配 Principles in Action 這個應用程式來使用本書。

　　我在幾年前釋出了《原則：生活和工作》一書的免費 iOS 和安卓版應用程式 Principles in Action（付諸實踐的原則），當中有許多練習和橋水基金公司的內部真實個案研究。這個軟體廣受喜愛，在我寫作本書時，已有六千多個用戶給予評價，平均給分為四點九分，而滿分是五分。它和這本筆記書是絕配，因為它將所有內容數位化，可使讀者沉浸在數位媒體的互動式情境中。它在資料收集上也很方便，能讓你享有更有助益和更具洞見的體驗。

　　當你在書中看到快速回應碼（QR code）時，只要掃描它，就可連結到該程式裡相對應的部分。不過，如果你沒興趣，可以直接跳過。（編按：Principles in Action App 目前尚無法在台灣使用，非台灣本地讀者請參見 252 至 253 頁的延伸資源欄。）

各項練習

這本筆記開頭有四項練習，結尾處還有一項練習。相信你會樂於練習，並且將發現頗有助益。它們將幫助你用嶄新、更有原則、更務實的方式來審視自己和自身的現實處境，以及你應對自己與現實的方法。你將看清絕大多數事情都有它發生的原因，而且現實如同永動機（perpetual-motion machine）般不停運轉。了解自己是什麼樣的人以及明白自身是這台機器的一部分，有助於你表現得更好。藉由三件事情，你將能夠更出色地駕馭現實和獲取更佳結果：（1）領會現實如何運作、（2）了解自我和自身可能採取的行動、（3）擁有原則來幫助你得到想要的成果。

第一個練習：反省你是怎樣的人

遺傳的基因特質以及環境影響賦予你特有的本性和偏好，這意味著特定的人生目標與道路，比起其他人生目標和道路更適合你。認清自己的本性並選擇適性的人生道路對你最有利。你將發現，自己所持最佳原則與他人的原則迥然有別，即使某些原則對所有人來說都是最好的。「認識自己」（Know thyself）和「忠於自己」（To thine own self be true）是亙古不變的普世原則，因此本練習旨在幫助你將這些原則應用在生活中。

第二個練習：如何從「現有的案例」（Cases at Hand）達到「應對當前情況的最佳原則」（Best Principles for Dealing with Them）

　　這個練習將幫助你從（a）「現有的案例」（例如，現時的境遇），到（b）認知它是「情景再現」（比如說，看清處境的範疇或類型），然後通往（c）你用來應對這類境況的「原則」。本書提供了透過寫筆記來進行練習的範本，如果你勤於運用範本來練習，將能直覺地完成它，並且將開始以有原則的方式思考。當你讀到空白處（供你寫下自身各項原則的頁面），你將發現若干取自《原則：生活和工作》一書的原則與圖形。許多人經由社群媒體跟我互動時表示，這些原則和圖像讓他們受益匪淺。在此它們只是一些有助於你反思的提示。最要緊的是，你要省思自身的經驗，並把那些對你最有效用的原則寫下來。

第三個練習：精通五步流程以達到人生目標

　　我發現五步流程對於獲致成功非常有幫助。我想把它們傳授給各位讀者：（1）制定明確的目標；（2）找出妨礙你實現目標的問題，而且不要容忍問題；（3）準確地診斷問題，查明問題根源；（4）設計解決方案；（5）徹底執行。反覆演練這五步流程，並隨著愈來愈熟練，逐步加快完成速度，如此你將迅速成長並進化。這個練習的目標是使你有能力在自己的生活中運用這五步流程。我將一步一步引導你完成各步驟，帶你逐個提出與自己的生活或工作相關的事例。在翻到讓你用來自省的留白頁面時，你將發現一些關於五步流程的提示，幫助你實現未來的目標。

第四個練習：學習如何克服你的兩大障礙，並從錯誤學到最多

可悲的是，人們往往把過失視為令人難堪的事，而不當成學習的機會。在我自己的生涯和職涯裡，我發現自己最嚴重的錯誤往往成為最佳學習經驗，而且我通常是因為失去判斷力而犯錯。換句話說，失誤是我們面臨的兩大障礙：自我意識（ego）與盲點所造成的結果，而且這些障礙是出於我們大腦的運作方式，嚴重阻撓我們達成目標。讓人慶幸的是，我們可以借助「極度的開放心態」（radical open-mindedness）來克服。這個練習有助於你反省自我和找出盲點，好體會「極度的開放心態」的意涵。它還能幫你重新定位，好認清犯錯不是丟臉的事，而是最佳學習機會。在這個練習終了之處，我分享了一個依據「問題日誌」製作的範本。我在橋水公司創設了「問題日誌」，用意在於鼓勵大家對失誤坦承不諱、從犯錯的經驗學習並改進。

第五個練習：了解自己與所愛之人在人生旅程裡所處的位置

如前所述，我發現多數事情大致是出於一些相同理由反覆地發生，而為了對任何事情有適切的理解，需要去學習典型案例的進展方式，和觀察使其如此發展的因果關係。你審視的案例愈多，將愈能了解典型案例如何進展，以及案例之間為何存在差異，就如同醫師看遍特定疾病的諸多病例，即能明白該疾病的運作機制。人類的生命週期和其他任何事物也有著相同的道理。儘管人生不會一模一樣，多數人的生命歷程發生過雷同的連串重大事件，也面臨過許多相仿的重大決策時刻。在本書最後的「人生軌跡練習」段落，列有一些提示，幫助你省思當前在自己人生歷程所處位置、你關懷的人

現時的人生旅程階段，以及你們往後將面臨什麼，好讓你們能夠更安穩地迎向未來。這是多數人最喜愛的練習，因此切莫輕忽，縱然它被安排在本書的最終章。

第一個練習

反省你是怎樣的人

第一部分

你是什麼樣的人？

　　我們都有不同的特質，這使得我們彼此之間在能力、價值觀和嗜好等方面的表現千差萬別。這些變化多端的特質形塑了每一個個人，也道出每個人的樣貌。明白自己是什麼樣的人，你將能夠更妥當地想清楚該怎麼做，以獲取人生所求。

　　換言之，成功的關鍵在於認清**你是什麼樣的人**，以及找出獲致成功相應的**人生道路**。人生道路不只一條，總是有一條路適合你。你只需了解自己並找到自己的路。如果你有夥伴，那麼你也能幫他們找出各自的路。

　　我是在創業和經營公司的過程中領會到這些。我觀察到人們迥然有別，這引領我與許多心理學家、精神病學家、神經科學家、人格測驗專家對話，並促使我閱讀許多有關各種不同思考方式的專書。我發現，我們生來就有強項與弱項，包含常識、記

憶、創造力、綜合能力、專注力等各有千秋，而且會隨著各自的經驗而出現分歧的發展。儘管客觀地檢視這些差異難免使許多人——甚至於不少科學家——感到不自在，但這依然是有必要做的事情。因此，我數十年來持續地推動相關的對話和探索，自身獲益良多，而且我相信這對你也將有所幫助。

（我在《原則：生活和工作》一書〈了解每個人的思考方式差別很大〉這個章節，詳細描述了我的學習成果；你也可以在 Principles in Action 應用程式找到相關內容。）

經由這個探索過程，我最終領悟到，在闡明人類思維如何洞異，以及幫助人深入了解自己與他人上，人格評量極具效用。它可以使工作關係和職務相配愈來愈好，從而使人更快樂、也更有效率。我用過許多評量方法，結果發現沒有任何單一的評量法具備我想要的一切功能，也沒有任何方法能夠辨識出那些我從營運

公司的經驗所學到要尋求的特定人格特質。我想把我們培養的眼光廣泛且免費地分享給大家。因此，我在亞當・格蘭特（Adam Grant）博士、布萊恩・李托（Brian Little）博士、約翰・高登（John Golden）博士等傑出心理學家協助下，仿效廣受研究且普獲佳評的「五大人格特質」分類法架構，創造出 PrinciplesYou 人格評量法。全球各地已有逾百萬人接受過此法的評估，而且人們普遍認可它是高效的評估法。

在了解自己和交流對象的本性、各種人際關係（經由應用程式的關係功能），以及掌握應對方法等方面，運用 Principles-You 評量法是極佳的第一步，完成整個評量約需二十到三十分鐘。如果你是某組織的營運者，則可以運用 PrinciplesUs 評量法來幫助你了解團隊動態。

一旦你收到評量結果，把它列印出來，並將它貼到下一個空白頁上。

評量結果不只有助於你認清自己，只要你把結果分享出去，或運用應用程式裡的關係功能，也能幫助他人了解你。如果你已經發現其他有效的人格評量法，那也很好：你可以把評量結果列印出來，或是在下個空白頁寫下評量結果相關筆記。或者，你也可以跳過這部分的練習，並讓隨後的各項反省問題來引導你。當然，人格評量只是簡要地捕捉你的可能偏好──至於結果是否反映出事實，以及更重要的，知道了結果之後該怎麼做，則取決於你自己的判斷。

 掃描這個快速回應碼來進行 PrinciplesYou 人格評量法[1]

　　不論你有沒有做人格評量，至關緊要的是對自己的強項和弱點要有明確的認知。接下來的問題意在促使你反身省思自己的缺點和長處。

依據你對自己的看法和他人的評價，你認為自己有哪三個關鍵強項？

根據自己和他人的看法，你認為自己有哪三大弱點？

　　我們都時常碰上會造成痛苦、阻礙我們成功的種種挑戰。對多數人來說，三到五個挑戰就可以改變一切──也就是說，如果他們能克服這三到五個難題，人生將實質地改善。多數人只要克服了最大的考驗，就可以徹底提升自己的生活，因此你理當認真思考自己面臨的挑戰。

什麼是你面臨的「最大的一個挑戰」？

以下這些原則將幫助你思考「自知之明」，以及增進自知之明的方法。

原則

最成功的人能夠超越自我，從而客觀地衡量事情，並看清應當怎麼應對才能得償所願。[2]

　　他們也能採取他人的觀點換位思考，而不受自己腦袋裡的偏見圍限。他們能夠客觀地看清自己是什麼樣的人，意即正視自己的強項和弱點；以及了解他人的缺點和長處，好讓對的人擔任對的角色，進而達成他們的目標。你一旦領會了成功者的做法，將明白幾乎沒有完成不了的事情，因為你將擁有遠超越心中既有的洞察和執行能力。你只需學會如何面對現實處境，並充分善用可支配的一切資源。找出不擅長的事，而且不要因此心煩意亂。對於了解自己的弱項，你應當感到高興，因為這樣才能改進自身缺點，以求提升自己得償所願的機會。如果你因為自己不能做好所有事情、稱不上最優秀人才而感到失望，必然是天真過了頭。你必定還沒領悟到，沒有人能妥善處理好一切事情。

原則

思考一下最傑出的人如何失敗。

　　每個人在多數事情上會遭受挫折，沒有誰對所有事情都能得心應手。請思考以下的問題：你會想要愛因斯坦加入你的籃球隊嗎？你會因為他運球和射籃都不行而認為他很糟糕嗎？他應當為此感到難堪嗎？想像一下愛因斯坦無法勝任的所有領域，再想像一下，即使在身為當世頂尖的領域，他曾經多麼地努力才達到出類拔萃。要成為佼佼者，愛因斯坦也必須仰賴許多在他的弱項上實力強大的人。

　　看著自己和別人苦苦掙扎，可能觸發各種自我意識驅動的情感，比如說同情、憐憫、難為情、憤怒或是產生戒心。我們應克服這些情緒，不要再把苦苦掙扎看成負面的事情。人生最好的機會多數是來自於面對困境、努力達成目標；能否善用多數的挑戰、把它們當成創造力和品行的考驗，全然取決於你。

原則

只要抱持開放心態而且百折不撓，那麼在幾乎任何事情上你都能如願以償。

　　人生的品質主要取決於自己種種決策的品質。不要受自己最好的想法所限。要對你所能發現的最優質想法敞開心胸，如此才能做出最優質的決策。

第二部分

你秉持什麼價值觀？

現在思考一下你最重視的價值，好釐清你的各項目標，以及確立最適合你的種種原則。[3]

　　價值觀是一套篤定的信念，激勵著你的行為，並且決定你能否和他人協調一致。從我與心理學家的對話以及自身的經驗，我領略到，人們的想望源自於（a）腦中的特定想法和（b）試圖滿足各種潛藏在內心深處的需求，而這些需求是由其天性和經歷過、但已不記得的體驗共同促成。

　　儘管我稱不上幫人了解自身動機來源的專家，但我知道自己能夠幫助你確立價值觀和原則，而這是獲取人生所求的關鍵要項。想要實現這項目標，首要的步驟是深思以下問題。

哪些價值對你<u>至關緊要</u>？請至少選出三項。

假如清單裡沒有列出你最重視的價值，請在底下的空白處自行填寫。

○　受人歡迎／被愛

○　道德高尚

○　創造新事物

○　幫助他人

○　學習／成長

○　影響世界

○　達成職涯目標

○　過平靜的生活、享受當中的簡單喜悅

○　在財務上獲取成功

○　理解世界

○　擁有充滿歡樂和冒險的人生

○　有很多好朋友

○　家族興旺

○

○

○

　　你選出的這些是你的**頭號價值**（leading values），它們驅策你勇往直前，和決定要達成什麼樣的目標才能使自己心滿意足。這些價值始終伴隨著你，而且將對你的內在產生強效的影響。

現在想一想哪些價值對你最<u>無關緊要</u>？

（它們並非無足輕重，只是對你來說，重要程度最低。）

○　受人歡迎／被愛

○　道德高尚

○　創造新事物

○　幫助他人

○　學習／成長

○　影響世界

○　達成職涯目標

○　過平靜的生活、享受當中的簡單喜悅

○　在財務上獲取成功

○　理解世界

○　擁有充滿歡樂和冒險的人生

○　有很多好朋友

○　家族興旺

○

○

○

　　你選擇的答案代表的是你的**落後價值**（trailing values），雖然對你可能仍有意義，但重要性已經大減。當你設定優先要務時，明白這點將有所助益。

如果你已做了 PrinciplesYou 人格評量，把你的評量結果中三個人格原型與這些價值比對一下。

把這些價值和你的人格原型寫下來，並且加以審視，估量看看它們是否適切地描繪出在內心吸引你的事物。

如果你沒有做 PrinciplesYou 人格評量，也請花點時間深思這些價值聚集起來如何影響你的動機。

現在，把你的頭號價值牢記在心，並且思考一下你人生最大的牽引力量（換句話說就是你的動機）。

　　當思考人生所求時，我們可能不會意識到，是什麼在牽引著我們。我們時常想得太狹隘，比如說「我想要成為某個人」。思考你的天性引領你去做的特定事情，才是較為明智的做法。舉例來說，欣然成為海豹部隊隊員的人，可能是基於保國衛民的責任感、追求卓越的興奮感，並且／或是受到自身應對險境和冒險的精神所驅動。在他們找到滿意的人生道路之前，這些牽引力量就已存在；藉由找出適合天性之路，他們得以獲致幸福和成功。

思考哪些類型的事情能夠吸引你，並且把它們寫在下面的空白處。

　　自己確立的各項原則會賦予你務實的方法，使你的天性和你與現實互動的方式結合起來，以利於你獲得想要的人生。最重要的是，希望你的價值觀與行為保持一致。例如，如果你珍視學習／成長的價值，你可能秉持積極反省過錯的原則，而這個原則將引導你以一種更能夠使你落實學習／成長價值的方式行動。

價值
———

學習與成長

行動
———

明智地承擔風險和
反省錯誤

　　當你剛起步時，沒有思慮周全的原則是情有可原的。多數人最初都是如此。但是我們的言行會反映出我們秉持的價值觀和原則。我們要明確認知這些事情，否則就很難評估我們的各項決策，或對我們看待事情的各種方法進行壓力測試。讓我們開始來探索，你對於自己的各項原則的認知有多麼明確或是模糊。

你已有一套據以處世的原則，不論那是明確或含糊的原則？

列出你持守的三到五項原則。

以下哪些項目對於你領會自己的原則影響最為深遠？

○　我的個人經驗

○　我所屬的文化和族群

○　我的朋友

○　我的宗教信仰

○　我的家庭

○　媒體（電影、電視、廣播電台、書籍、網際網路）

○　我的教育

○　我欽佩的人

○

○

○

○

○

在你深思這些問題之前，你是否覺察到自己列出的各項原則，或者原則是透過反省而顯現出來？

　　第一個練習的主旨是使你思考那些導引你的行動和決策的原則，以及你的頭號價值和落後價值。在你從頭到尾使用這本筆記書的過程裡，你會想要回過頭來檢視這些價值和原則，以進一步反思和優化或擴展它們。

　　接下來讓我們來探索你如何與現實互動。了解你是什麼樣的人以及你所面對的現實，結合兩者，有助於你確立各種適性的原則，獲取人生中所能達到最大程度的收穫。

第二個練習

如何從「現有的案例」
達到「應對當前情況的
最佳原則」

由於一切事物的發生都有其隨著時日而一再重複和演變的因果關係，憑藉基於原則的思考，你將體認幾乎所有「現有的案例」都只是「情景再現」，而且藉由辨認它屬於哪種層出不窮之事，以及應用思慮周全的原則來處理，你將獲得更多人生所求。這就是我所說的「基於原則的思考」。這種思考方式與一般思考截然不同，因為在你做出決斷之前會先酌量決策的類型，以及考量哪些原則對於決策最息息相關；而非貿然決定。

你將發現，把這件事做好，會提升你在各種不同情境下思考對策的能力，而且將大幅減少你必須做成的決策的數量（據我估計大約為十萬倍之多）。這是基於你將依據準則來應對「各個種類」的事情，而不是把所有不同事件都當成單一案例來處理。就如同生物學家在叢林裡健行可能遇見特定生物，他將思索其所屬物種，並且思量該物種相關的應對原則，你在處理自身遭逢的現實時會做同樣的事情。當你駕輕就熟之後，將能直覺且迅速地做到。

得心應手的幾個關鍵：

1. 細思慢想，如此你才能把決策
   依循的準則寫成筆記。

2. 把你決定如何應對某種類型處
   境所依據的準則寫下來——
   如此你將為自己創立一項新原
   則。

3. 在「情景再現」發生時，應用
   處理這類事情的原則，並觀察
   其效用。省思這些原則的成
   效，並在那些「情景再現」再
   度發生前，優化你的原則。

我創造了一個簡單的範本來幫你從「現有的案例」通向「應對的原則」。當中有我自己人生裡一個真實的案例。

現有的案例

發生了什麼事？在事件的各個層面上詳盡地回答這個問題。

我現有的案例：在 1982 年，我因為投資失利而破產。我必須資遣橋水公司的所有員工，而且向我父親借了四千美元來支付帳單。

這屬於哪一類的「情景再現」？

拉高層次思考，這屬於哪個「種類」或範疇的事情？

我的「情景再現」：過度自信且判斷錯誤，於是自以為是地孤注一擲，結果損失慘重。

你應用的各種原則和你衡量它們的方法

你對於該處境是否有一些既定的原則？
這些原則是彼此一致或是相互矛盾？

在當時，我並沒有應對該處境的各項原則。

反省

你從這個經驗體會到，現實是如何運作？當「情景再現」下次發生時，你未來將採取什麼不同的行動以更妥善地應對它？

　　我的反省心得是，投資風險和報酬傾向於伴隨發生，而且一次過度自信的孤注一擲，幾乎賠光了我歷來其他投資的獲利。我曾經想像，為了過上更美滿的生活，我必須穿越險象環生的叢林。我可以留在安全地帶、過上平凡人生，或是冒險穿過叢林以求取卓越人生。（花點時間思考一下：你會怎麼選擇？）我領悟到，無論如何，我們全都必須對此做出抉擇。我明白自己理當追求非凡的人生，因此問題在於如何得到最大獲利，而不致鎩羽而歸。經由反省，我得以發展出一些新原則。

各項新原則

　　基於自省，你得到什麼新原則或是改良的原則，可以在未來再度遇上「情景再現」時用來改善結果？

　　為了降低痛苦的投資失利風險並且維持獲利，必須（1）找出我知道的見解迥異於我的聰明人最優質的想法，如此才能對自身的想法進行壓力測試，從而領悟自己可能錯失了什麼，還有（2）力求分散風險。

　　回想起來，這次令我痛苦萬分的「慘敗」，是我人生發生過最好的事情之一，因為我從這個過程中學到了教訓，並且發展出一些原則。此一經驗使我懂得要謙遜，以求平衡過於大膽冒進的心態。它也讓我領會了對後來的成功起關鍵作用的那些原則。對犯錯的恐懼使我學會轉變心態，從自認「我是對的」改變成自問「我怎麼知道自己是對的？」這引導我讓身邊常伴能獨立思考的人，好對我的想法進行壓力測試，並且促使我將押注分散投入於各種比較好也互不相關的投資選項，由此提升了正確投資的機會，還能降低投資失利的風險。

 聆聽我於 TED 演講中描述
這次慘敗經驗 [4]

這段經歷也是我領悟「痛苦＋反省＝進步」原則的起點。我相信它是我最重要的原則之一。

在下一頁，你將發現這個範本和一些留白。當你運用此範本和省思自身處境時，請記得不要專注於思慮令你遺憾的事，因為往事已矣。你要尋求的是有助於未來的經驗教訓。我鼓勵讀者不斷思考昔日的相似經驗是如何起作用，以及思量過往的經歷提供的教誨，並且尋求有過類似經驗也學會了如何應對的人給你建議。你遇上的事情有可能不是首次發生，你也可能不是第一個遇上這種事的人，而或許某個經歷過的人已經想出比你更優秀的應對方法。

現有的案例

這屬於哪一類「情景再現」？

你應用的各種原則和衡量它們的方法

反省

各項新原則

我的各項最基本原則

用以下這幾頁列出對你最重要的原則，以便能夠在此處一起參照。

從他人獲取的一些重大原則

　　運用這幾頁來記錄你從他人學習到、而且想在自己的人生中持守的各項原則。

精通五步流程以獲取人生所求

持續獲得和應用各種好原則，具有難以估計的價值。這是一個不斷
進化的過程。我相信，只要你能夠做好這五件事，那麼幾乎可以確
定你將獲致成功。簡而言之，這五個步驟是：

1. 制定明確的**目標**。

2. 找出妨礙你實現目標
   的**問題**，而且不要容
   忍這些問題存在。

3. 準確地**診斷**問題，查
   明問題根源。

4. **設計**解決方案。

5. 徹底**執行**。

　　這五個步驟連續不斷，形成一個循環，就如同以下圖形所示。首先你必須選擇你追尋的目標。你的選擇將決定你的方向。當你朝目標前進時，將遭遇問題。有些問題將使你不得不面對自身弱點。這會讓你感到痛苦，

　　你要如何因應，由你決定。如果你想要達成目標，一定要冷靜分析，才能準確判斷，好設計一套解決問題的計畫，並且徹底執行。然後，結果出爐，你再次重複這五步流程。為求快速進化，你非得這樣做不可，而且要快速和持續不斷，設定的目標要一次比一次高。

不斷進化的的五步循環

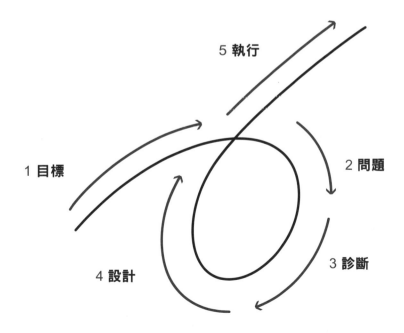

5 **執行**

1 **目標**

2 **問題**

4 **設計**

3 **診斷**

你需要做好全部五個步驟，才能成功，而且必須一次一個步驟，按順序進行。

　　舉例來說，在設定目標時，只需要設定目標，不要去想達成目標的方法，或是出錯時該怎麼辦。當你診斷問題時，也別去想如何解決它們，就只需診斷問題。步驟模糊不清容易導致結果不盡理想，因為這會干擾你發掘真正的問題。五步驟是疊代的：認真執行每個步驟，會提供你繼續下個步驟所需要的訊息，幫助你把下個步驟做好。

　　操作這個過程，必須頭腦清晰，保持理性，從更高的層次、無情誠實地看待自己。如果你的情緒戰勝理智，就先後退一步，停下來，直到你能想清楚為止。必要時向冷靜、思慮周到的人諮詢。請記得，你不需獨自進行這五個步驟，大可向冷靜且深思熟慮的人尋求指引。為了幫助你保持專注和獲得良好的結果，不妨把你的人生當作一場比武或遊戲，目的是克服挑戰和達成目標。一旦接受了遊戲規則，

你將能對接連不斷的挫折感泰然處之。

　　你永遠無法把每件事都處理得完美無瑕：犯錯是人之常情，重要的是承認和接受錯誤。令人鼓舞的是，錯誤能教導我們一些事情，所以說學無止境。你很快就會明白，「這不容易」、「這似乎不公平」甚至「我做不到」等藉口是沒有用的，而奮力破關是值得的。

　　如果你不具備成功所需的一切技能？別擔心，因為每個人都一樣。你只需知道何時用得上那些技能，以及該如何獲得那些技能。請勤加練習，最終你即使面對逆境，心境也能沉著平衡。擁有實現夢想的能力會讓你振奮不已。

現在請練習把五個步驟應用到你自己的一項目標。[5]

第一個步驟：制定明確的目標

你認為自己設定目標的能力有多好？

非常糟　　　　　　　　無意見　　　　　　　　非常好

你對準確評估自己設定目標的能力有多大的自信？

全無自信　　　　　　　無意見　　　　　　　很有自信

要擁有優質生活，典型的做法是不要同時追求太多目標。有的目標層次較高，有的層次較低，有的則是日常的目標。理想狀況下，你的目標會始終保持一致和連貫。在這個練習裡，我將要求你只選定一個目標。為了幫你做出良好的選擇，請花幾分鐘省思你最關懷的價值，以及驅策你的牽引力或是動機。不論你挑選的目標是大是小都無關緊要。但要確定你的目標與價值觀保持一致，並試著使你的目標盡可能明確。例如，對於這個練習來說，「成為一名教師」是比「改變世界」更妥適的目標。

簡要地描述你選擇的目標。

提示：

● 為達成目標，你必須決定事情的優先順序，這包括排除一些可行的選項。

● 至關緊要的是，別混淆了「目標」和「欲望」。目標使你得到知性上想要的事物，並且可望與你感性上想要的東西保持一致。欲望是你強烈渴求但可能阻礙你達成目標的事物。比如說，你的目標可能是身材健美，而你的欲望是吃可口但不健康的食物，卻可能妨礙你的目標。

● 避免設定你自認為能夠達成的目標。不要因為一些未經徹底分析的想像中的障礙而對自己設限。

第二個步驟：確認問題，而且不要容忍問題存在

在落實目標的過程中，你將遭遇一些阻礙，也就是一些問題。現在確認一些你常遇到的、妨礙你達成預定目標的難題。

把你的問題寫在此處。

你會容忍自己列出的這些問題存在嗎？

一般來說,你認為自己識別問題的能力有多好?

非常糟　　　　　　　　　　無意見　　　　　　　　　　非常好

在不容忍問題和改變事物以消除或減少問題上,你能做到多好?

非常糟　　　　　　　　　　無意見　　　　　　　　　　非常好

提示:

● 首先,試著用簡單和實事求是的方式識別問題(或是不盡理想的結果),同時不要去臆測這些問題的成因。

● 在確認問題時,重要的是保持專注與合乎邏輯。詳細且確切的陳述你的問題。例如,與其說「人們不喜歡我」,不如準確說明什麼人、在哪種情況下不喜歡你。

● 務必不要容忍問題,而且要小心提防「溫水煮青蛙症候群」。人們有強烈的傾向會慢慢習慣不可接受的事,但要是明眼人一看就會大感厭惡。

第三個步驟：準確地診斷問題，查明問題根源

深思你在先前的步驟寫下的目標和問題。此刻試著診斷問題的根本原因。一般而言，問題是根源於某個人，或是某件做得很糟的事，而且這包括你自己在內！

為了做妥善診斷、找到問題的根本原因，請思考這些問題：

出現了什麼糟糕的結果？
結果由誰負責？（也就是說，誰是責任方）
究竟是責任方無能，還是機器設計不良？

如果你把這三大問題牢記在心，應當能好好診斷問題的根本原因。至關緊要的是從較高的層次思考問題，而不要困在不必要的細節裡。如果你無法迅速確認壞結果的特定責任方，那麼你可能很難回答第三個問題。

接下來是回答這三大問題的指南，內容泰半是一系列的簡單問答。這系列問答主要是為了運用於職場或組織的環境中而擬出來──在這樣的環境裡，角色、責任、彼此接受的做事方法，遠比職場以外的地方更常被奉為圭臬──這系列問答也可用來作為思考、判斷非職場問題的提示。對於與你的個人目標有關的問題，通常會在回答第三個問題時形成診斷：壞結果是某件關於你的事情所造成（例如你嘗試某件你能力不足之事），或者是你自己的計畫／設計不良所導致？

關於這些提示，請記得你不需確切地遵循，或是拘泥於格式。你也許能夠快速地檢視各項問題，也可能有必要提問不同的、更詳細的問題，而這取決於你面臨的各種境況。

機器是否依照應有的方式運作？

如果是的話，問題往往出於責任方可能料想不到的某個因素。

有時實情只是事態以意想不到的方式改變了，而你必須相應地調整你的設計。

如果不是的話，機器應有的運作方式出了什麼差錯？

這是要找出所謂的「近因」，如果你製作了關於機器應如何運行的明確心理地圖（mental map），將能輕鬆完成這步驟。你也可以透過是／否問題來進行此步驟，這應當只需回顧你的心理地圖裡各個關鍵要項。

事情為什麼沒照預期方向發展？

在此，你綜合分析、追根究柢，以判定責任方是否能力不足，或者問題是否出在機器的設計上。為了專注於綜合成因，而不糾結於細節，你可以：

- 試著以五步流程來檢視失敗案例。想想哪一步沒做好？所有事情最終都能納入這五個步驟之中。
- 然而，你或許應當做得更具體，試著把失敗案例歸納出一個或是幾個關鍵肇因。提問是／否問題：負責人是否管理不善？是否對問題認識不正確？是否執行力不佳？
- 重要的是，要問自己：假如下次 X 因素沒出現，就能避免不好的結果嗎？藉由這個方法，你可以確保你是有邏輯地把因果連結起來。要以這種方式來思考：假如技工把汽車的零件換掉，是不是就會把車修好？
- 假如問題根源是設計有誤，那可不要就此打住。要問設計有誤的責任方，以及有沒有能力改進設計。

根本原因是否已經成為一種模式？

　　任何難題有可能只是一時差錯，或者可能是病因反覆發作的症狀。你理當判定究竟是哪一種情況。

因此人／機器該如何改進？

　　根據需要，確保找到解決問題的短期方案。研判在長期的解決之道上所要採取的步驟，以及由誰負責執行。

● 有沒有責任需要分派或進一步澄清？
● 機器有沒有需要重新設計？

沒有人能夠全然客觀地看待自己和他人，然而有意願去嘗試這麼做，是診斷問題根本原因的基礎。基本上，這對於實現你的目標至關重要。

　　你是否願意客觀地評量自己和他人，即使這不是容易之事？你有多大的意願「觸及痛處」？透過提問難題，討論令人不自在的事情，縱使這將導致情緒性的反應，並與他人一起解決棘手的回饋意見？

　　你可以把客觀檢視自己和他人所造成的痛苦視為「生長痛」，因為這是伴隨著個人成長所感受到的痛。

一分耕耘，一分收穫。

提示：

● 至關緊要的是，要把根本原因和近因分辨清楚。近因一般是導致問題的行動（或是缺乏行動），所以是以動詞描述根本原因。根本原因要深入得多，用形容詞描述居多，比如說「我健忘，以致沒有做某件事。」

● 請記得，歸咎根本原因不是一種行動，而是一種原因。找出根本原因的訣竅在於堅持不懈地問「為什麼？」

你識別問題根本原因的能力有多好？

非常糟　　　　　　　　無意見　　　　　　　　非常好

你對自己精確識別難題根本原因的能力有多大的自信？

全無自信　　　　　　　無意見　　　　　　　很有自信

此刻你已花了一些時間思考問題的根本原因，接著是時候來設計一
個廣泛適用的解決問題方案。

第四個步驟：設計解決方案

在這個步驟，你將設計一項計畫來處理上個步驟辨識的問題根本原因。

用一分鐘回顧你在前三個步驟（設定目標、識別問題、診斷根本成因）的答案。思考一下如何運用方法來處理好根本原因並且解決難題。

在這個初期階段，你的解決方案應當是籠統粗略的。只需確保它能處理你識別出的問題根本原因。

簡要地把你的計畫寫在此處。你將在下一個步驟為其增添更多細節。

現在精煉你的計畫，加入具體的任務和預估的時間表。愈明確愈好。

你不需非常擅長設計方案和具體列出待辦事項。你可以請求他人協助。正確的做法是，留出時間來設計一個經深思熟慮的計畫，而且不要從診斷根本原因直接跳到執行的步驟。

提示：

- 首先粗略勾勒你的計畫（比如說，「取得碩士學位」），然後補充具體的任務和預估時間表（例如，「在接下來兩週，整理一份上選學府清單，當中必須包含各校申請條件和截止日期」）。
- 想像你正在寫一部「電影劇本」，藉此設想誰在過程中將做什麼事以利達成目標。當你設計方案時，要思考各項相互關聯的任務完成的時間表。
- 要認清設計是互動的過程。在糟糕的「此刻」和好的「後來」之間，存在一段「逐步克服」的時期。在這個「逐步克服」時期，你測試各種不同的過程和人員，以觀察哪個進展順利、哪個進展不佳，並且持續經由各個疊代來學習、逐漸獲致理想的設計。你會自然而然地犯下一些錯誤，但將能領會如何得到好的「後來」。

你自己設計方案的能力有多好？

非常糟　　　　　　無意見　　　　　　非常好

你對精確評估自己設計方案的能力有多大的自信？

全無自信　　　　　無意見　　　　　很有自信

第五個步驟：徹底執行

一個方案如果沒有後續的落實行動，就沒有太多價值。當然，你的計畫得靠你自己來執行。

我不是精通生產力訣竅或動機的專家──驅動我的始終是追隨自己的熱情所產生的興奮感。我鼓勵你把自己完成事情的最佳方法做成筆記，而且有許多好書值得參考。（如果你想要我推薦的話，查爾斯·杜希格〔Charles Duhigg〕所著的《為什麼我們這樣生活，那樣工作？》〔*The Power of Habit*〕非常有助於了解習慣在目標達成上扮演的角色。）

一般來說,你認為自己在堅持落實計畫上能做到多好?

非常糟　　　　　　　　**無意見**　　　　　　　　**非常好**

提示:

- 具有良好工作習慣的人能將待辦事項的優先順序安排得合情合理,而且會確保每個事項完成。而工作習慣不佳的人,如果不是天生沒條理,就是無法讓自己做不喜歡(或是沒能力)做的事情。假若你符合這樣的描述,有許多工具能幫你走上正軌。
- 至關緊要的是,要清楚自己每天必須做的事,並且秉持紀律來完成。

你持續跟進計畫的能力有多好？

非常糟　　　　　　　**無意見**　　　　　　　**非常好**

對於正確評估自己堅持跟進以完成計畫的能力，你有多大的自信？

毫無自信　　　　　　　**無意見**　　　　　　　**極有自信**

　　對於執行自己的計畫要當責，這需要決心和自律，然而假若是很難辦到的事情，你設計的方案可以把難度考慮進來。舉例來說，如果你想要減重，卻無法始終如一地上健身房，那麼你可以找一位健身夥伴。

你會採行什麼策略來幫助你完成著手去做的事？

　　現在你已完成整個五步練習，希望你能更了解這個過程的每個步驟，進一步明白它們如何相得益彰，以及清楚自己可以怎麼著手應用它們，以完成各項目標。在下一頁，你將看到一個應用五步流程的範本。我鼓勵讀者們隨時運用這個範本，完成你想做的事！

你的目標是什麼？

　　請盡可能明確地陳述你的目標，這有助於你評量自己的進展，並敲定一項可行計畫。

你的目標面臨什麼樣的問題？

　　這可能是潛在的問題（如果你才剛開始），或者是你已遭逢的實際難題。請具體說明。

你對這些問題做出什麼診斷？

　　督促自己做出完整診斷，好確認各項問題的根本原因。請參閱 58 頁的相關指南。

為克服問題，你設計了什麼方案？

　　嚴格檢視你的診斷，並用富創意的方式思考，如何搞定問題的根本原因。請參閱 64 頁的相關提示。

你打算怎麼完成目標？

　　如果沒有明確的列出待辦事項，你的計畫一點也稱不上計畫。粗略敘述接下來的步驟，以及哪些事能激勵你達成目標。

第四個練習

學習如何克服
你的兩大障礙，
並從錯誤學到最多

你的自我意識與盲點是阻礙你學習和進化的兩大障礙。

　　這兩大障礙作祟，造成你難以客觀地看清真實的自己與現實，無法好好借助別人做出最好的決定。如果你能領悟人類大腦這部機器的運作方式，你將能領悟這兩個障礙為何存在，並會明白如何調整自己的行為，使自己更快樂、做事更有成效，與他人的互動更如魚得水。

　　在這個練習，我將闡明這兩大障礙，並向你提示一些問題，以幫助你反省你與自我意識和各式盲點如何相互影響。[6]

你的自我意識如何從中作梗

　　所謂的「自我意識」，指的是你潛意識的心理防禦機制。這個機制使你難以接受自己的各種錯誤和弱點。你最深層的需求和恐懼——例如渴求被愛、害怕失去愛、需要生存和害怕死亡、需要被人重視，擔心自己的存在可有可無——它們都存在於你大腦的原始區域，比如說杏仁核，那是顳葉（temporal lobe）的情緒大腦處理中心。因為你感知不到大腦的情緒中樞，所以幾乎不可能知道這個區域想要什麼，以及如何控制你。這些區域過度簡化事情，而且基於本能做出反應。它們渴望讚美，甚至當大腦高層次思維區域明白建設性的批評是為你好的時候，情緒中樞依然把批評當成攻擊，讓你啟動心理防禦機制，尤其涉及對你個人的評價時，更容易引發情緒反應。

　　同時，高層次的意識存在於大腦的前額葉皮質區。這個區域讓你感知到自己在做決策（所謂的大腦「執行功能」）、運用邏輯和論證能力。

兩個「你」爭相要控制你

這就像是《化身博士》的傑基爾醫生與海德先生（Dr. Jekyll and Mr. Hyde），儘管較高層次的你並未意識到較低層次的你。這種衝突是普遍的現象；如果你夠細心留意，其實可以知道人的大腦有不同區域正在爭吵。例如，當有人「對自己生氣」時，表示「他的前額皮質正與他的杏仁核（或其他低層次的大腦區域）爭論」。當有人問：「為什麼我會放任自己吃光那塊蛋糕？」答案是「因為低層次的你戰勝思慮周到、高層次的你」。

一旦你了解

（a）合乎邏輯的／有意識的你和
（b）情緒性的／潛意識的你如何
　　　彼此爭吵

你可以想像兩個你和別人交涉，而對方也有他們自己的兩個「他們」，會發生什麼狀況？結果是一團糟。低層次的自我就像鬥犬一樣，即使高層次的自我想要把事

情弄清楚，它們還是想打架。這令人感到非常困惑，因為你和你正在交涉的人通常甚至不知道有這些低層次的野獸，更別說他們試圖綁架每個人的行為了。

我們來看看當有人與你意見分歧，要求你解釋自己的想法時，會發生什麼事。因為你的大腦運作方式，會把這類的挑戰當成攻擊，所以你會動怒，儘管想聽取對方的觀點的行為更合邏輯，特別是如果對方冰雪聰明。你嘗試解釋你的行為，但你的解釋將沒有一點道理。那是因為低層次的你試圖透過高層次的你說話。你那深藏不露的動機掌控局勢，所以你不可能合理解釋「你」的行為。即使是最聰明的人也是如此，這實在令人感到悲哀。

為了獲得好的結果，你不能總是相信自己是對的，找出什麼是真實的更重要。

如果你太自以為是，會學不到東西，做出不理想的決定，也無法充分發揮潛力。

當你犯錯或看清自己的弱點時，自我意識敏感度（ego sensitivities）使你感到多麼難過？

極為難過　　　　　　　無意見　　　　　　　毫不難過

在防止低層次自我掌控局勢上，你的能力有多好？

不太好　　　　　　　　無意見　　　　　　　非常好

　　請注意，有不少好事來自於你的低層次自我——包括各種本能、諸多直覺、各式情感、百般創意——因此，明智的做法是使它們浮出表面，並讓它們和你有意識的思維保持一致。

　　當自我意識受到傷害時，你將失去動力。我認識的許多能力出眾、才華洋溢的人士也都發現，批評會使人士氣低落。

你是否認為，聽取批評的好處最終將超越付出的代價，或是相反？

代價遠超越好處　　　　　　　無意見　　　　　　　好處遠超越代價

對於批評，你通常是受到激勵或感到士氣低落？

總是感到士氣低落　　　　　　無意見　　　　　　　始終受到激勵

　　給人讚美很簡單，而且當下會令人心滿意足，但這往往無助於我們學習和成長。如果你認清卓越之道在專注於持續提升自我，那麼理當樂於不斷給予和接受批評，並且藉此來激勵自己。在本練習結尾處，你將發現一些指南和工具，它們有助於你戰勝自我，以及充分地從錯誤中學習教訓。

你的盲點如何從中作梗

除了自我意識作怪之外，你（和其他每個人）也會有盲點──你的思考方式阻止你正確地理解事物。就像人有不同的辨音和辨色範圍，我們看到的事物和了解事物的範圍也不一樣。我們每個人都有自己看事物的方式。例如，有人自然會看到全貌，遺漏小細節，其他人則自然注意到小細節，疏忽大局。有些人使用線性思考法，有些人思考發散等等。認清這些差異的存在，我們就能順遂地加以應對，這樣它們就不至於成為問題。

當然，人不能領會他們看不到的事物。不能辨識出規律和無法綜合處理問題的人不知道看得出規律和能夠綜合處理問題是怎麼回事，就像色盲的人不知道能辨色是什麼感覺。我們大腦運作方式的差異比我們身體的運作差異更不明顯。色盲的人最終會發現他們是有視覺缺陷，可是大多數人永遠都看不到或不了解他們

思考的盲點。更難的是，縱然人都有盲點，但我們都不喜歡面對自己或別人的盲點。

當你指出某人的心理弱點，得到的反應通常就像你指出他的身體缺陷一樣。PrinciplesYou 這類人格評量工具有助於用客觀且比較不致引發激烈反應的方式，來探索這些弱點。

如果你像大多數人一樣，不知道別人如何看事情，不善於洞悉別人的想法，那是因為你只想要告訴對方你自己的想法是正確的。換句話說，你專斷獨行，採取封閉的態度；預設立場太多。這樣閉門造車會付出極大的代價；它會使你錯過各種美妙的可能性，以及避免不了別人預見的危險威脅，把具有建設性甚至性命攸關的批評拒於千里之外。

你對自己的盲點有多大程度的自覺？

毫無自覺　　　　　　　　**無意見**　　　　　　　　**十分自覺**

你對自己的答案有自信的原因？

你有哪些方面的盲點？以下只是一些範例。你可以隨意加入一些自己察覺的盲點。

○ 看清大局

○ 覺察重要細節

○ 預測問題

○ 審慎地研擬計畫

○ 打造富創意的解決方案

○ 認清各種潛在的機會

○

○

○

○

○

熟識你的人認為你描述自己盲點的準確程度？

不準確　　　　　　　　無意見　　　　　　　　非常準確

他們認為你對盲點處理得宜的程度？

不好　　　　　　　　　無意見　　　　　　　　非常好

　　前述兩大障礙會造成意見歧異的人一貫地各自堅持自己是對的，以致往往不歡而散。這是不合理的，而且導致決策不理想。

畢竟，當兩個人做出相反的結論時，一定有一方是錯的。難道你不想確定那個錯的人不是你嗎？

　　這種聽不進別人意見的情況，不僅發生在意見分歧時；當遇到問題試圖解決時，也會出現類似情形。大多數人思考解決辦法時，都是自己百思不得其解，而不是集思廣益。結果，他們不斷在自己的盲點上撞牆，直到他們適應現實。他們適應現實的方式有：

（a）訓練大腦以反直覺的方式運作（例如：充滿創意的人透過紀律和練習，變得有條有理）

（b）使用補償機制（如：使用電腦程式提醒）

（c）截長補短。

人與人之間思維上的差異可以共生、互補，不互相干擾破壞。

　　舉例來說，富創意的人常思考發散，這可能導致他們辦事不牢靠，而線性思想的人往往比較可靠；有的人比較情緒化，有的人則比較有邏輯。這些人如果單打獨鬥、不善用別人的強項來彌補自己的不足，做任何複雜的計畫都不可能成功。

　　古希臘哲學家亞里斯多德將悲劇定義為一個人的致命缺陷導致的嚴重後果——這個缺陷若修補好了，反倒會帶來美妙的結果。依我之見，自我意識和盲點這兩個障礙是兩大致命缺陷，造成聰明努力的人難以充分發揮潛能。

你想學習克服這兩大障礙的方法嗎？你辦得到的；每個人都可以。[7]

接下來這些原則和提示有助於你
了解自己能夠辦到。

原則

實踐極度開放的態度。

　　如果你知道你看不到，你可
以想辦法讓自己看到，然而，如
果你不曉得自己看不到別人看到
的事物，你會繼續遇到同樣的問
題。換句話說，如果你能意識
到自己有盲點，願意抱持開放心
態，捐棄成見，接受別人看問題
可能比你看得更透徹，別人試圖
指出的威脅和機會確實存在，就
可能做出很好的決定。

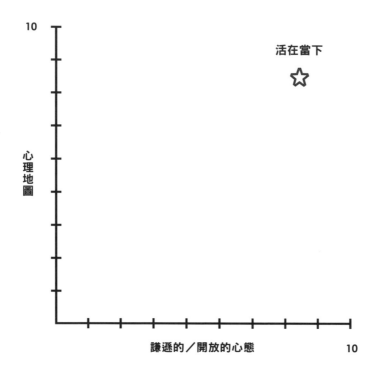

原則

了解你自己和別人的心理地圖以及謙虛的程度。

　　有些人就是比別人清楚自己該怎麼做；他們擁有良好的心理地圖。這也許是經由後天的教導，也可能是他們天資聰穎。無論如何，他們自己知道更多的答案。同樣地，有些人就是比其他人更謙卑，態度更開放。如果虛心求教使你找到的答案，比自己絞盡腦汁想到的辦法還要好，那麼擁有一顆謙卑的心會比擁有良好的心理地圖更重要。然而虛懷若谷又有良好的心理地圖，是最強大的。

學習極度開放的態度

關於增進效能，學習極度開放的態度是最重要的事情之一，因為極度開放的態度有助於你看清更多事，並且促使你善用他人最優質的智慧，而不單打獨鬥。因此，我們值得客觀評估自己態度的開放程度，並且努力實踐。

大多數人不明白什麼是極度的開放。他們將態度開放理解為「歡迎指教」，但卻固執己見，不去積極了解其他觀點背後的推理。要不然就是誤以為極度的開放態度意味著盲目地跟從他人的見解，而不根據實情獨立評量他人的觀點。而即使是那些了解其意的人，大多數也極難付諸實踐。

接下來的提示有助於你思考一些可行的步驟,藉以改變你的日常行為,使你變得更加心胸開闊。[8]

請深思你對每個陳述的認同程度。

比起向他人訴說我所相信的事實,我更傾向於對他人提出問題。

強烈不同意　　　　　　　　無意見　　　　　　　　強烈同意

我對別人的生活方式(比方說宗教信仰、文化或政治信念)
感到好奇而且不會加以評判。

強烈不同意　　　　　　　　無意見　　　　　　　　強烈同意

我喜好探索新聞媒體和社群媒體上反映多元觀點的內容，
而不是那些強化我固有觀點的內容。

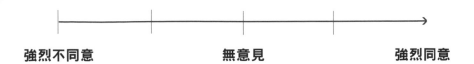

多數認識我的人會說我是良好的傾聽者。

我時常因為與人意見相左而情緒激動。

假如我的觀察與見解不同於身邊其他人，我不會說出來。

強烈不同意　　　　　　　　　　無意見　　　　　　　　　　強烈同意

我傾向於提問更多問題而不是陳述己見。

強烈不同意　　　　　　　　　　無意見　　　　　　　　　　強烈同意

你有確實回答前述問題嗎？
或是為了使自己看起來比實際上更具開放心態而有所偏誤？

不確實　　　　　　　　　　無意見　　　　　　　　　　非常準確

省思你回答這些問題的方式，
你認為自己的心態屬於開放或是封閉？

非常封閉　　　　　　　無意見　　　　　　　非常開放

　　如果你還沒有極度開放的態度，往好處想的話，你具有極大的未開發潛能，可以學習更多事物並做出更優質的決策。極度開放的態度是一種非常強大的習慣，而多數人很難將其付諸實行。然而，我們可藉由練習來學會極度開放的態度——而一切始於坦誠地省思自己回應歧見和回饋意見的方式，或只是反省對於自己觀點的自信程度亦可。當你下回遇上相同處境時，先停下來反省一下自己的態度是否開放。你究竟是更傾向於認為「我是正確的」，還是會自問「我怎麼知道我是對的？」。

原則

向願意表達不同見解的可信任之人請益，採用多方歸納法綜合分析。

　　藉由挖掘他人的最佳想法，你能夠做出只憑一己之力難以達成的更優質決策。聰明人會向其他聰明人討教，這是他們迅速變得更加高明的方法。我發現，個別請教專家，並鼓勵他們審慎思考之後，向彼此提出不同意見，這樣的多方歸納過程大大提高了我做出正確決定的機率，也長了不少知識。當專家不同意我的觀點，或我們各持己見時，這個方法最適用。能夠深思並提出異議的聰慧之人是最棒的老師，遠勝過站在黑板前對著你講課的教授。我獲得的知識逐漸發展並優化，成為我在日後出現類似情況時應用的原則。

　　有些案例的主題對我來說太複雜，無法在有限時間內了解，這時我就交給比我可信度高的有識之士來決定，可是我仍然想要聽取他們提出不同的看法。我發現，大多數人不這麼做，他們寧願自己做決定，甚至在他們沒有資格做出所需要的判斷的時候，自作主張。而這麼做是向低層次的自己屈服。

　　依循上述的方法，我在幾乎任何領域都能做好決策，即使是在那些我一無所知的領域也不例外。懂得向願意表達不同見解的可信任之人請益，採用多方歸納法綜合分析，將對你的人生產生深遠的影響，這正是我的親身體驗。9

如何從各種錯誤學到最多

　　每個人都會犯錯。而主要的差別在於成功者從錯誤學教訓，失敗者則不會。藉由創造一個敢於犯錯的環境，你將能從錯誤學到教訓，就會快速進步，減少重大失誤。在注重創意和獨立思考的組織裡尤其如此，因為有失敗才會有成功。誠如愛迪生（Thomas Edison）所言，「我不是失敗。我只是發現了上萬個行不通的方式。」這正是進步之道。

　　犯錯會使你痛苦，但你不該讓自己或別人逃避痛苦。痛苦是個訊號，代表出了差錯，而它也是稱職的老師，提醒人不該再重蹈覆轍。為了從自己和別人的錯誤中吸取教訓，你必須坦白而公開地承認錯誤，並努力防止再犯。而在這個時候，有很多人會說：「不用了，謝謝，我不吃這套。我寧可不必去應對這些事。」但這並不符合你（以及你所屬組織的）的最

佳利益，而且會阻礙達到目標。

　　在我看來，假如你回頭去看一年前的自己，對於自己做的蠢事並不感到驚訝，那你還沒學夠。儘管如此，會擁抱錯誤的人卻寥寥可數。這樣的狀況應該改變。

　　我常認為，家長和學校一直過度強調答對的價值。在我看來，成績最好的學生往往最不會從錯誤中學習，因為他們被制約成把答錯等同於失敗，而不是學習機會。這對他們的進步是一大阻礙。

　　坦然接受種種錯誤和缺點的聰明人，實際表現勝過擁有能力相同但有自我意識障礙更深的同儕。

原則

要認清錯誤是事物演進過程中自然的一部分。

假如不介意在正確的路上犯錯，你就會學到很多，並提高績效。但假如無法忍受錯誤，你就不會成長，把自己和周遭人都搞得很慘，你的工作環境則會充斥著小心眼的中傷和惡毒的酸言酸語，而不是健康、誠懇地追求事實真相。

你對正確的渴望不能超過對事實真相的追求。貝佐斯（Jeff Bezos）形容得好：「你必須願意接受一再地失敗。假如你不願意接受失敗，那就必須非常當心自己無法創新。」

我在橋水創設了「問題日誌」，以此作為記錄各項錯誤和從中學習教訓的主要工具。我們運用它來把所有問題檯面化，如此我們可以把問題交付給解決者，以求促成系統性的改進。[10]

　　「問題日誌」如同過濾雜質的淨水器。如果你有什麼做不好的地方，必須把它寫進日誌裡，描述其嚴重性，並明確指出誰該對它負責，這樣才易於歸納整理多數問題。「問題日誌」也提供給我們判斷問題與相關資訊的路徑。如此一來，它也提供了有效的績效指標，因為你得以去衡量所出現問題的數目和類型（並確認是誰造成問題及由誰解決問題）。

　　儘管「問題日誌」於組織之內創設，對於尋求實現個人目標的人，同樣能夠卓有成效地助其處理所遭遇的問題，因此我在下一頁提供了一個範本。有機體、機構和個別的人總是非常不完美，但是始終有能力不斷改進。所以，與其卡在把錯誤藏起來，並假裝自己很完美，合理的做法是找出不完美之處，並且好好處理。對於錯誤，如果你不是從中學到寶貴的教訓，並且在更具成功條件下勇往直前，就是無法學到教訓乃至一敗塗地。

糟糕的結果

　　根據你預想事情應如何進行的「心理地圖」來描述糟糕的結果（也就是說,「預期的結果是這樣,結果卻是那樣。」）。

責任方

　　誰應對糟糕的結果負責?重要的是把焦點放在各個責任方(而不光只是考量糟糕的結果本身),以避免議題與人脫鉤和無法理解問題的真正肇因。

嚴重程度(1-5)

　　「1」代表小議題(雖然大量不同模式的小議題可能成為大問題)。「5」代表對於你達成目標構成嚴重威脅的重大議題。

1　　　　　　　2　　　　　　　3　　　　　　　4　　　　　　　5

診斷

　　問題的根本原因是什麼？問題出在責任方或是機器的設計上出了問題？請參閱 58 頁關於診斷的更多解說。

人員／設計上的變更

　　如果沒有明確的列出待辦事項，你的計畫也就全然稱不上計畫。要粗略敘述擬具接下來的步驟，以及闡明什麼事能激勵你達成目標。

你的個人筆記
從此處開始

這本筆記頁面多數是空白的，僅有一些有助於你著手自己思考的原則和想法。你可以依據自己的喜好，隨意使用筆記頁來寫下你自己的種種省思與原則，也請把我在 106 到 107 頁分享的範本銘記在心。

原則

事實——或者，更確切地說，對現實的準確理解——是獲致任何良好結果的根本基礎。

　　多數人會抗拒、不願看清他們不想要的事實。這是糟糕的做法，因為更重要的是了解和處理不如意的事情，畢竟好事情不需我們去操心。

現有的案例

這屬於哪一類「情景再現」?

你應用過的各項原則,以及你如何衡量它們

各種省思

各項新原則

原則

擁抱現實，沉著應對。

　　世界上最重要的事，就是了解現實運作的原理和找出解決問題的方法。在這個過程中，你的心態決定了成敗。我發現，把人生看作一場遊戲，把生活中各種疑難雜症當成必須解開的謎題，很有幫助。藉由解開謎題，我得到了寶貴經驗，日積月累變成做事的原則，幫助我避免日後重蹈覆轍。持續累積這些寶貴經驗，改善了我的決策，我才能在人生的遊戲中一路過關斬將，遊戲的難度愈來愈高，賭注也愈來愈大。

原則

夢想＋現實＋決心＝成功的人生 [11]

　　取得成功、推動進步的人十分
了解影響現實的因果關係，並掌握
到箇中原則，來實現夢想。反之亦
然：不切實際的理想主義者會製造
問題，而不是進步。

Remember that whatever
is happening to you happened
to others many times before and
to many people.

請記得，任何正發生在你身上的事情，

先前都曾經數度發生在許多其他人身上。

原則

從更高的層次看待機器。

　　從更高的層次往下看是我們
人類獨有的能力，這種能力不只
應用在理解現實和現實的因果關
係，也適用於理解你自己和你周
遭的事物。這種超脫自己和他人
的情境，客觀思維的能力，我稱
它為「高層次思考」（higher-level
thinking）。高層次思考讓你有能
力學習和影響生活中大小事物的
因果關係，進而獲得你想要的結
果。

各項目標　**→**　**機器**　**→**　各式結果

meditate !

静坐冥想！

原則

不要固執己見，堅信事情「應該」如何，不然會錯失了解真實情況的機會。

不要讓偏見妨礙我們的客觀判斷。為了獲得良好結果，我們需要理性分析而不是意氣用事。

Be more curious than proud about what you know.

對你所知道之事的好奇心要多於自以為是。

原則

為了得到力量，必須把自己逼向極限，然而挑戰極限是痛苦的，這是自然的基本規律。

誠如榮格（Carl Jung）所言，「人類需要困境，困境是心理健康的必需之物。」然而逃避痛苦是大多數人天生的本能。不管是鍛鍊身體（例如舉重）或心智（例如挫折、內心掙扎、尷尬和羞愧），尤其當人在面對自身不完美的殘酷現實時，更讓人覺得痛苦，只想要避開。

原則

痛苦＋反省＝進步

　　痛苦避免不了，特別是如果你滿懷雄心壯志，追求理想。信不信由你，能夠感受到這種痛苦，而且處理正確的話，那你很幸運，因為這是一個信號，暗示你需要找到解決方案，這樣你才能進步。如果每次面對心理的痛苦，能夠痛定思痛而不是逃避，結果就是快速學習／進化。

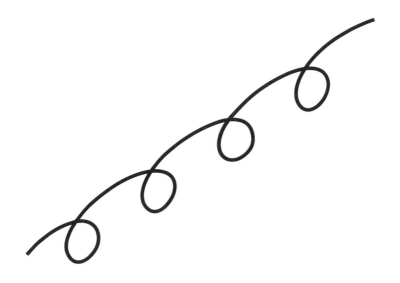

原　　　則
屬 於 你 的 引 導 式 筆 記

橋水基金創辦人、《原則》系列作者

瑞 · 達利歐　RAY DALIO

PRINCIPLES
YOUR GUIDED JOURNAL

你和達利歐一起完成的筆記書

朱文儀（台灣大學工商管理系暨商學研究所教授

一直以來，管理學院在培育企業經理人的過程中，心理學與人格特質，始終是重要的基石之一。經理人對自身人格特質的了解與反思，既幫助個人成長，也能提升領導統御與管理決策，最終改善團隊與公司的產力。這種「由內而外」的管理邏輯，奠定了當代管理教育的半壁江山也是本書的立論基礎。

這是達利歐一系列「原則」作品中的第三本。「原則」系列以大河說般的多部曲形式，來鋪陳作者想傳授的成功背後共通原則。而這本第部曲，是以心理測驗、思想練習、書寫筆記等型式，透過自助式引導來助讀者完成五大練習，循序切入自身的人生歷史經驗，最終萃取出每個專屬的人生應對原則。

走過人生許多階段後，我們往往可以體會，「到哪去」（where to）「從哪來」（where from）之間，具有高度的關聯性，如果能從親身經的決策過程，清楚看出自身特質與為人處事原則，會對未來如何面對重決策有莫大助益。

所以，這絕對不只是一本讀物，而是你和達利歐一起完成的筆記書你不只是共同作者，你是本書最重要的靈魂人物。

很高興自己有機會完成這五大練習。步入中年，不知不覺思想開始化，凡事講究習慣。這場練習提醒我，進步的唯一方法，是把自己推出態與思想上的舒適圈。而這種改變是不會自動到來的，除非我們願意刻

習，透過每天點點滴滴的心智鍛鍊，努力打造自身潛能，讓不可能的事變得可能。

波斯詩人魯米（Rumi）曾說過，當你開始踏上旅程，路就會自己展□。本書提供的是一把鑰匙，為你開啟一扇大門，去尋找屬於自己的人生□則；期待當你從這趟旅程歸來時，手中已經握有自己的鑰匙。

推薦序
願原則與你同在！

愛瑞克（《內在原力》作者／TMBA 共同創辦人）

猶記得二〇一八年《原則：生活和工作》繁體中文版在台灣上市，掀□了一波熱潮，無論企業界或私人讀書會，紛紛將其列入共讀書目，堪稱□讀界的一大盛事。當時，我也在兩萬多人的臉書社團「讀書會：一個投□者的告白、投資最重要的事、原則、高手的養成」負責帶領導讀這本□，每周一篇，長達半年。在那段期間，夥伴們響應熱烈，也紛紛根據書□所述，分享每個人自己的人生歷程和心得體會。

當時，身為領讀者的我，唯一感到稍嫌可惜的事情，就是《原則：生□和工作》這本書略顯厚重，真能從開頭讀到最後，在讀書會從頭參與討□直到結尾的夥伴，這樣的人數比例不算高，至於如何在生活中實踐書中□學，又是另一個挑戰！我深切期盼，能有一份更簡單、容易上手的實踐□冊，用來滿足我們實作上的需要。很慶幸的，將近五年之後，《原則：□於你的引導式筆記》問世了，正可以補足我們心中的這個美好缺憾！

拜讀完這本筆記的初稿，我驚嘆：「達利歐竟然會寫出這麼生活化的實作手冊，實在太酷了！」裡面所談的五個練習，都是他濃縮再濃縮的精華，只要能跟著他的引導，實際作過一遍，印象絕對深刻，也比前作《原則：生活和工作》更貼近一般人們生活、更容易在日常中實踐這些智慧。

　　書中有一大亮點，是第五個練習「了解自己與所愛之人在人生旅程中所處的位置」用了幾個半圓弧形的圖示，來呈現出我們一生旅程的每個里程碑，並且要求我們在每一個階段中，標出最重要的人，且記下他們的名頭一個字，查看我們和至愛之人可能會出現的里程碑，幫助我們想像幾年後會在哪裡發生哪些事。這是我從未見過的獨到方法與見解，真的令人眼睛為之一亮！

　　此外，書中還有一大特點，是在筆記欄部分以《原則：生活和工作》「痛苦＋反省＝進步」「極度開放、極度透明」等金句，幫助讀者們把自身的經驗帶入、總結出屬於自己的處世原則。同時，也是對於《原則：生活和工作》的一次重點回顧，以及延伸思考與運用，實現了我在前面所述「補足我們心中的這個美好缺憾」的願望！

　　時值新年來到，我由衷感謝達利歐以此作，作為送給《原則》系列愛好者的新年驚喜，同時也可以讓我們送給至親、好友們，透過這一本實用的工具書，找出自己最好的原則、活出最好的人生版本！

　　願原則與你同在！

原則

甘願承受痛苦而不是逃避。

　　如果你不讓自己鬆懈，總是對痛苦甘之如飴，就能加速蛻變。人生就是這樣。

原則

經常用痛苦來引導自己好好的反思。

　　精神上的痛苦往往是因為太執著於一個觀念，當這個觀念受到挑戰時，便非常難受。如果對方針對你，直言你的弱點，更會讓你情緒失控。這種精神上的痛苦是個訊號，暗示你可能是錯的，你需要好好思考這個問題。若要好好思考，首先必須讓自己冷靜下來。這可能有點困難：你大概會察覺到你的頭部肌肉收縮、身體緊繃，或是出現厭煩、惱火或易怒的情緒，這顯示你大腦的情緒中心「杏仁核」被啟動。注意這些情緒何時來襲。留意這類心態封閉的訊號，偵測到訊號就是暗示你應該控制行為，引導自己虛心受教。經常這樣做，將加強「高層次的你」的掌控能力。你做得愈多，內心就變得愈強大。

Keep thinking about
how the machine is working
and how you can make it
work better.

持續思考機器是如何運作，

以及如何讓它運作得更好。

原則

不要為自己或別人的錯誤懊惱。
要珍愛它！ [12]

　　一般人都會為自己的錯誤而懊惱，因為短視，只看到壞的結果，而看不出犯錯是求進步的必要環節。我曾聘請的一位滑雪教練，也指導過史上最偉大的籃球員喬丹（Michael Jordan），他告訴我，喬丹沉醉於自己的錯誤，把每個錯都視為改善的機會。他了解錯誤就像在玩小拼圖遊戲，你完成一個，就會功力大增。你從錯誤中學習的教訓，將來都會避免你犯下成千上萬個類似的錯誤。

原則

不要擔心面子，而要放眼於達成目標。

　　拋開不安，把心思花在達成目標上。反省並提醒自己，他人精準的批評是你能得到最寶貴的反饋。想像一下，當滑雪教練告訴你，你跌倒是因為滑行時重心沒有適切轉移，要是你當他是在指責你，會有多蠢和多無濟於事。這就跟上司指出你在工作過程中的缺失沒兩樣。改錯再往前進就行了。

原則

為結果負責。

　　無論人生有什麼際遇，如果你為自己的決定負責，不怨天尤人，比較可能取得成功並找到幸福。

原則

對自己究責，並感謝對你究責的
人。[13]

　　有些人有能力和勇氣來責求
他人，但大部分的人並沒有；究
責的能力和勇氣是不可或缺的。

原則

記住，通常達成目標有很多途徑。

　　只要找到一條行得通的路就好。

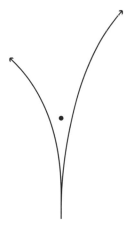

原則

**絕對不要因為認為某個目標無法
達到，就否決它。**

要大膽行動。總是有一條最
好的道路。你的職責就是找到這
條路，勇敢前進。你認為可以達
到的目標，只是根據你當時所知
的狀況。一旦你展開追求，你會
學到很多，尤其是如果你與他人
合作，你從未見過的道路就會出
現。當然有一些不可能或幾乎不
可能辦到的事情，比如你個子
小，卻奢望在職業籃球隊擔任中
鋒，或者妄想在七十歲的年紀用
四分鐘跑完一英里。

Don't ignore nature.
At least occasionally
immerse yourself in it.

不要忽視大自然，至少要偶爾沉浸其中。

原則

你將來是什麼樣子，取決於你看事情的角度。

　　你的人生何去何從，端視你如何看事情，對什麼人以及什麼事物（你的家庭、你的社區、你的國家、人類和整個生態系統種種）最心有戚戚焉。你要決定：你願意為別人的利益犧牲自己到什麼程度，及選擇為哪些人這麼做。因為你未來會經常陷入被迫做這類選擇的處境。

原則

不要誤以為成功的表象就是成功本身。

　　成就導向很重要，但是迷戀一千二百美元的鞋子或名貴汽車的人很少覺得非常快樂，因為他們不知道自己真正想要的是什麼，因此也不知道什麼可以滿足他們。

EARN moRe than you spend.
That will give you freedom,
safety, and the power.
to do what you want.

賺得比花得多，會給你自由、
安全與做你想做之事的能力。

原則

**理出優先順序：雖然你幾乎可
以擁有任何你想要的東西，但
不能擁有你想要的一切。**

　　人生就像琳琅滿目的自助
餐，還有很多超出你想像的美
食供你選擇。選擇一個目標往
往意味著你為了某些你更想要
或更需要的事物，而捨棄其他
東西。有些人甚至還沒開始，
就在這個時候失敗了。他們不
敢選擇更好的，放棄好的，試
圖一次追求太多目標，結果一
事無成。別氣餒，不要讓自己
被各種選擇弄得心力交瘁。除
了快樂，你可以擁有其他東
西。做出選擇，繼續下一步。

原則

如果你能做到（a）靈活變通，（b）自我承擔，幾乎沒有什麼能阻止你成功。

靈活變通讓你願意接受現實（或知識淵博之士）的教導；自我承擔很重要，因為如果你真的相信沒有達到目標就是你個人的失敗，失敗就是一個提醒，你會明白要是你達不到目標，就顯示了你的創意、靈活度或決心不夠。然後你會有更大的動力去尋找成功之路。

Remember that you can't be good
at everything and even if you
were you wouldn't have the time
to do everything so you have to work
well with others

牢記你無法事事精通，就算你能，也沒時間
事必躬親，所以你得和別人合作。

原則

每個人至少會遇到一個阻礙成功的重大障礙；找到你的絆腳石，妥善處理。

寫下你遇到的這件事（如：發現問題、設計解決方案、徹底執行），事情發生的原因（你太感情用事、你預見的可能性不夠多）。雖然你和大多數人遭遇的重大阻力可能不只一個，如果你可以移除或解決一個真正的大障礙，你的生活將大大改善。如果下了工夫，幾乎肯定能夠圓滿解決。

原則

真心相信你可能不知道最好的選擇是什麼，並承認善用「一無所知」的能力比你無所不知更重要。

　　大多數人做出糟糕的決定，是因為堅信自己是正確的，所以根本看不到更好的選擇。極度開放的人知道，提出正確的問題及請教其他聰明人，這與無所不知一樣重要。他們明白，不暫時在「一無所知」的世界探索，便做不出很棒的決定。那是因為「一無所知」的領域浩瀚無垠，裡面存在的事物比任何已知的事物更令人興奮。

When two people disagree
one of them is probably
wrong. Wouldn't you
want to know if that
person is you?

當兩個人意見不一致，可能其中一
個人是錯的。如果錯的人是你，難
道你不想知道嗎？

原則

**你可以做出的一大最重要決定
就是要向誰提問。**

　　確保你請教的人消息靈通
且值得信賴。找出對你想要理
解的事物負責的人,再請教他
們。聽從不知內情之士的意
見,比完全沒答案更糟糕。

Ask more questions than you tell answers.

多問一些問題，少說一些答案。

原則

不能全然相信你聽到的一切。

　　意見多得是，幾乎每個人都會跟你分享他們的想法。許多人說得跟真的一樣。可別錯把意見當成事實。

原則

當個不完美主義者。

　　完美主義者花費太多時間在細枝末節的小差異上,犧牲掉重要的事物。在做決定時,通常只有五到十個重要的因素需要考慮。充分了解這項原則很重要,即使是研究重要的事,若做得太過,邊際效益也是有限。

原則

知道如何妥善處理挫折，和知道如何前進一樣重要。

　　有時候你曉得要穿越過一道危險關卡，但沒有辦法避免。你將在人生中遭遇這樣的挑戰，其中有些挑戰讓你當下很崩潰。面對險惡的情勢，你設定的目標可能是持盈保泰，盡量減少損失率，或只要處理不能挽回的損失。你的職責是每次都做出最好的選擇，你知道這樣做會有回報。

Everyone makes mistakes.
The main difference between
successful people and
unsuccessful people is that
successful people learn from
them.

每個人都會犯錯。主要的差別在於，成功
者會從錯誤中學到教訓，失敗者則不會。

原則

正面看待失敗、吸取教訓。[14]

　　人人都會失敗。你所看到任何人的成功，只是在你所關注的事情上成功，我保證他們在其他很多事情上也失敗過。我最敬重的人是正面看待失敗、吸取失敗教訓的人，甚至比對成功之士還佩服。這是因為失敗是痛苦的經驗，成功是愉快的經驗，與直接成功相比，失敗、改變，最後成功所需要的特質更為豐富。直達成功的人鐵定不會挑戰自己的極限。當然，最糟糕的人就是失敗卻認不清，也不去改變。

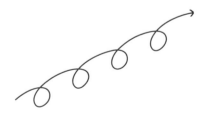

原則

如果要成就一番事業，對不容妥協的事就要堅守立場、永不妥協。

　　然而，我卻一直看到有人在妥協，通常是為了避免讓別人或自己覺得難堪。這不僅是本末倒置，更是適得其反。把舒服擺在成功之前，會造成更糟的結果。我既愛與我共事的人，也會鞭策他們要做到最好，並期待他們也如此對我。

原則

不用害怕了解事實。

假如你跟大部分人一樣，面對不掩蓋的事實就會使你惴惴不安。為了克服不安，你需要在理智上了解為什麼謊言會比事實可怕，然後透過練習來習慣與事實共處。

Be strong!!

要堅強！！

原則

要有誠信並要求別人保持誠信。

「誠信」（intergrity）是源自拉丁字 integritas，意思是「齊一」或「完整」。表裡不一的人就是缺乏誠信，也就是不「完整」的人；他們是表面一套、背地又另一套的「雙面人」。口是心非有時在當下可能會比較容易（因為可以避免衝突或尷尬，或是達成某個短期目標），但有誠信和避免當雙面人的後續或更後續結果更為可觀。表裡不一的人會自相矛盾衝突，並常與本身的價值觀出現落差。他們很難開心，而且幾乎不可能做到最好。

原則

有意義的人際關係和有意義的工作能相得益彰，尤其是在極度真實和極度透明的環境下。[15]

當你和別人可以公開對彼此談論每件重要的事，一起學習，共同追求卓越時，能責成彼此的有意義人際關係已然建立。當你和同事有這樣的關係，就會彼此扶持來挺過難關。此時，共同分攤艱困任務會把你們拉得更近，並強化你們的關係。這種自我增強的循環會帶來成功，使你們得以追求愈來愈遠大的目標。

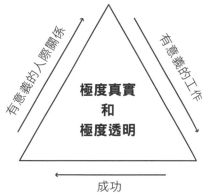

make your work and
your passion the same
thing. Do it with
people you want to
be with. And don't
forget the money part.

把工作和熱情融為一體。和你樂於
為伍的人一起完成。還有別忘了要
賺錢。

原則

要同時敞開心胸且堅定果斷。[16]

　　有效化解歧見，有賴於人
們敞開心胸（換位思考）且堅定
果斷（直言不諱你的看法），並
靈活處理這些資訊，進而學習
和適應。

Remember that knowing how
to deal with what you don't know
is more important than any thing
you know.

要記得，知道如何處理你不知道的事，

比處理你知道的事情更重要。

原則

1 + 1 = 3。

　　兩個人順利合作的效率會
是各自獨立作業的三倍左右，
因為各自都會看到對方可能疏
忽了什麼，加上能借助彼此的
優點，同時責成彼此臻至更高
標準。

原則

要當心羞於承認自己並非無所不知的人。

　　他們比較關切的八成是外在形象，而不是實際達成目標；這可能會逐漸造成破壞性結果。

Look at other people and
the world without bias.

不帶偏見的觀察別人和探索世界。

原則

要認清衝突對良好的人際關係不可或缺，因為成員就是以衝突來檢驗原則是否一致以及能否化解歧見。

每個人都有自己的原則和價值觀，所以在成員該怎麼彼此搭配上，所有的關係必然都會經過一番協商或辯論。你們對彼此的了解，會使你們要不同心協力，要不漸行漸遠。假如你們的原則一致，並能透過交換意見來消弭差異，你們就會更為密切，否則就會分道揚鑣。公開討論差異可確保消除誤解。假如沒有持續這麼做，觀點的歧異就會加深，直到無可避免地大幅衝突。

原則

不要留著重大衝突不去化解。

在短期來說，迴避衝突固然比較容易，但在長期來說，後果可能會大大壞事。重要的是，衝突要實際解決。這不是靠表面上的妥協，而是靠尋求更重要、精準的結論。在大部分情況下，這個過程都應該對各方相關人（有時候是整個組織）公開透明，以確保決策的品質，並維繫公開解決爭端的文化。

原則

珍惜志同道合的人。[17]

世界上沒有人會在每件事情上都有共識，但既然有人和你最重要的價值觀一致，也選擇一致的實踐方式，就要確保最後留在身邊的是這些人。

原則

一旦發現問題，不要容忍。

容忍問題與沒有找到問題
的後果一樣。不論你是因為相
信這個問題不能解決、因為你
不在乎這個問題，還是你無法
取得解決問題所需要的足夠資
源，只要你沒有成功的意願，
就沒有成功的希望。你需要培
養一種不管問題輕重，絕不容
許任何差錯的心態。

To be excellent requires hand work.

努力才能求取卓越。

原則

不要灰心喪志。[18]

　　假如你現在沒有壞事發生，等一下就會有。現實就是如此。我的人生態度是，問題總會出現。重要的是，我要去釐清該怎麼做，而不是花時間抱怨並期待不要發生問題。邱吉爾一針見血地說過：「成功就是從失敗走到失敗卻不改熱忱。」

原則

不要怕解決難題。

　　在某些情況下，人會容忍不可忍受的問題，是因為覺得太難改正。然而，比起不解決，去解決不可接受的問題要容易得多，因為不解決會帶來更多壓力、更多工作和更多不良後果，進而可能使你丟了工作。所以要記得管理的第一條原則：你需要了解對機器運作的反饋，去改正問題，或往上通報，有需要的話，就一遍又一遍地解決。把問題端上檯面，並交給好手解決，沒有第二個辦法了。

To have the best life possible
you only need to:
1) Know what the best
decisions are, and
2) have the courage to
make them.

為了創造美滿的人生，你必須：

（1）知道什麼是最好的決定，以及

（2）鼓起勇氣做出最好的決定。

第五個練習

了解自己與所愛之人
在人生旅程裡
所處的位置

這個練習是為了幫助你將自己的人生和關心的人的人生納入通盤考量，規劃好未來，以幫助你獲致人生所求。

這個觀察角度對我和許多分享過的人都有幫助。我希望也能幫到你。我把這個練習放在筆記書的末尾，是為了減少書的前半部的練習分量，但你可以隨時練習。還可以在 Principles in Action 中找到練習的互動版本。[19]

如你所知，我發現大多數事情一再發生，都是出於幾乎相同的原因，因此想要理解任何事情，如果先搞懂一個典型的案例是如何展開，並觀察其中的因果關係，會很有幫助。然後，我要請你看看典型的人生旅程案例，可以查看個別案例與典型案例之間的差異，以了解差異的原因。

在這個練習中，我會要求你同時查看典型的人生軌跡和自己的人生軌跡，進而反省。

這個練習將幫助你想像可能會發生哪些事情，先行計畫，並在事情來時妥善處理。不是所有的人生軌跡都相同，也沒有哪條軌跡比另一條更好──它們各自都是獨一無二的旅程，反映了沿著軌跡前行的人所面臨的環境和做出的決定。同時，大多數軌跡彼此非常相似，而彼此相異的原因相對較少。例如，在撰寫本書當下，典型的人生歷時約八十年，分三個階段發展，兩個階段之間約有五到十年的過渡期。了解人生軌跡怎麼推進，且可能運用於你的生活，是彌足珍貴的；即使你的人生軌跡與典型相去甚遠，也會在自省時發現價值。

人生軌跡的三個階段

　　在第一階段，你在學習並依賴他人。此時你在求學並受人照拂。在第二階段，你開始工作，其他人依賴你。此時你力求在工作上的成功，同時將家庭經營好，所以面臨工作／生活平衡的挑戰。在第三階段，你無事一身輕，因此可以享受無負擔的生活，並且能自在地告別人世。

　　在從第二階段到第三階段的過渡期，傳遞你能給予的禮物，亦即幫助其他人在沒有你的情況下取得成功，是你自然會做的事，也是你的一大貢獻。第三階段是我現在所處的階段，激勵著我將這本書的理念和其他所學傳遞下去。

　　接下來幾頁的插圖展示出

典型的人生軌跡。從出生到死亡，按時間順序排列。為了清楚定位你在哪裡，請估計你在軌跡上的位置。不必力求精確，因為人生並不精確，也無需查看各個列出的人生里程碑（然而，如果你願意，也行）來確定你在人生軌跡上的大致位置。

依據你在軌跡上的位置，我會要求你回顧一下人生里程碑清單，看看你已經行經哪些里程碑來到達現在的位置。有助於你看出一直在走的軌道，也有助於你指出要前往的地方。

人生軌跡

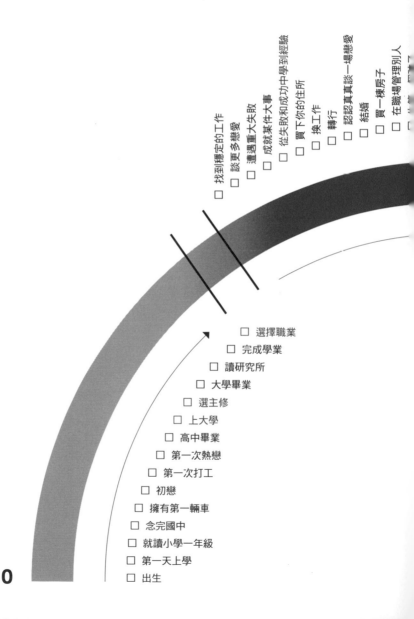

找到穩定的工作
談更多戀愛
遭遇重大失敗
成就某件大事
從失敗和成功中學到經驗
買下你的住所
換工作
轉行
認認真真談一場戀愛
結婚
買一棟房子
在職場管理別人

選擇職業
完成學業
讀研究所
大學畢業
選主修
上大學
高中畢業
第一次熱戀
第一次打工
初戀
擁有第一輛車
念完國中
就讀小學一年級
第一天上學
出生

0

□ 上升一個收入級別
□ 獲得大幅晉升遷
□ 人生陷入最低潮
□ 損失一大筆錢
□ 離婚
□ 健康拉警報
□ 年紀最小的孩子上大學
□ 父親或母親去世
□ 雙親中第二人過世
□ 達到財務安全
□ 開始幫助別人在沒有你的情況下能夠成功
□ 退休

繼續幫助別人在
沒有你的情況下能夠成功 □

抱孫子 □

享受天倫之樂 □

與朋友歡度時光 □

培養興趣和旅行 □

朋友去世 □

為自己和至愛之人去世預作準備 □

配偶去世 □

發生致命的疾病或事故 □

與死神搏鬥 □

去世 □

~**80**

給你自己和關切的人

花點時間標出你在人生軌跡上的位置。然後，在接下來的軌跡上，標出對你來說最重要的人在哪裡，記下他們的姓名頭一個字。

　　稍後，我還會請你查看你和至愛之人可能會出現的里程碑，好讓你想像十年後你們會在哪裡，以及會在那裡發生哪些事。

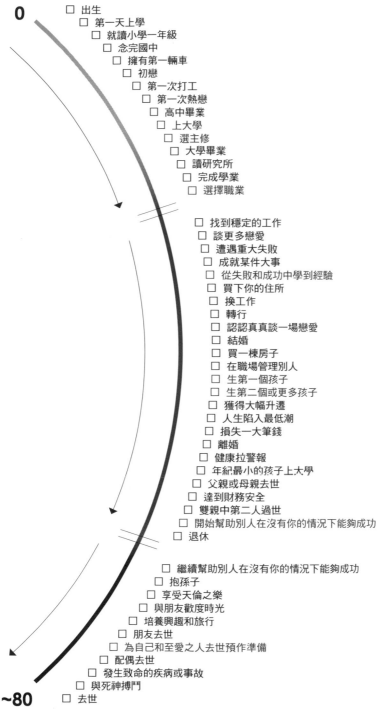

0

- ☐ 出生
- ☐ 第一天上學
- ☐ 就讀小學一年級
- ☐ 念完國中
- ☐ 擁有第一輛車
- ☐ 初戀
- ☐ 第一次打工
- ☐ 第一次熱戀
- ☐ 高中畢業
- ☐ 上大學
- ☐ 選主修
- ☐ 大學畢業
- ☐ 讀研究所
- ☐ 完成學業
- ☐ 選擇職業

- ☐ 找到穩定的工作
- ☐ 談更多戀愛
- ☐ 遭遇重大失敗
- ☐ 成就某件大事
- ☐ 從失敗和成功中學到經驗
- ☐ 買下你的住所
- ☐ 換工作
- ☐ 轉行
- ☐ 認認真真談一場戀愛
- ☐ 結婚
- ☐ 買一棟房子
- ☐ 在職場管理別人
- ☐ 生第一個孩子
- ☐ 生第二個或更多孩子
- ☐ 獲得大幅升遷
- ☐ 人生陷入最低潮
- ☐ 損失一大筆錢
- ☐ 離婚
- ☐ 健康拉警報
- ☐ 年紀最小的孩子上大學
- ☐ 父親或母親去世
- ☐ 達到財務安全
- ☐ 雙親中第二人過世
- ☐ 開始幫助別人在沒有你的情況下能夠成功
- ☐ 退休

- ☐ 繼續幫助別人在沒有你的情況下能夠成功
- ☐ 抱孫子
- ☐ 享受天倫之樂
- ☐ 與朋友歡度時光
- ☐ 培養興趣和旅行
- ☐ 朋友去世
- ☐ 為自己和至愛之人去世預作準備
- ☐ 配偶去世
- ☐ 發生致命的疾病或事故
- ☐ 與死神搏鬥
- ☐ 去世

~80

給你自己

瀏覽你的人生軌跡的這些階段，留意方格裡對發生之事的描述要搭配你自己的經歷，請你勾選相配的方格。

特別關注那些紅色方格，那是影響你前進道路的關鍵時刻。當你身處某個關卡時，為了妥善因應，好好省思對你來說特別重要。我建議按照這本筆記前述的方式自省。

你在這些重要關卡做出的選擇，對將來的人生有重大影響。正如你會看到的，雖然我們大多數人的基本人生軌跡幾乎相同，但我們沿途所走的道路，會影響人生之旅的風格。

0

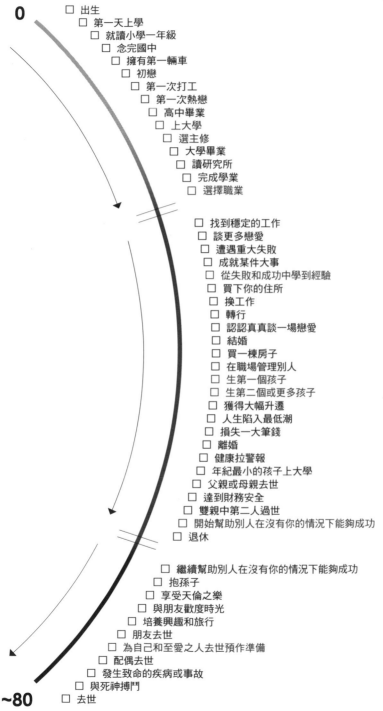

☐ 出生
☐ 第一天上學
☐ 就讀小學一年級
☐ 念完國中
☐ 擁有第一輛車
☐ 初戀
☐ 第一次打工
☐ 第一次熱戀
☐ 高中畢業
☐ 上大學
☐ 選主修
☐ 大學畢業
☐ 讀研究所
☐ 完成學業
☐ 選擇職業

☐ 找到穩定的工作
☐ 談更多戀愛
☐ 遭遇重大失敗
☐ 成就某件大事
☐ 從失敗和成功中學到經驗
☐ 買下你的住所
☐ 換工作
☐ 轉行
☐ 認認真真談一場戀愛
☐ 結婚
☐ 買一棟房子
☐ 在職場管理別人
☐ 生第一個孩子
☐ 生第二個或更多孩子
☐ 獲得大幅升遷
☐ 人生陷入最低潮
☐ 損失一大筆錢
☐ 離婚
☐ 健康拉警報
☐ 年紀最小的孩子上大學
☐ 父親或母親去世
☐ 達到財務安全
☐ 雙親中第二人過世
☐ 開始幫助別人在沒有你的情況下能夠成功
☐ 退休

☐ 繼續幫助別人在沒有你的情況下能夠成功
☐ 抱孫子
☐ 享受天倫之樂
☐ 與朋友歡度時光
☐ 培養興趣和旅行
☐ 朋友去世
☐ 為自己和至愛之人去世預作準備
☐ 配偶去世
☐ 發生致命的疾病或事故
☐ 與死神搏鬥

~80　☐ 去世

更仔細地審視這些階段

第一階段

在第一階段，你與生俱來一定的傾向，並處於不同的環境。雖然每個人都有差異，但在這個階段，都有賴於指引他們的人（可能是父親、母親或雙親），並將經歷四個小階段，分別是學齡前、小學、國中及高中。

在這些小階段，每階段的大腦都準備要學習不同事物。例如，在學齡前，嬰兒和學步兒會發展出不同程度的安全感、好奇心和毅力；在小學階段，幼兒更適於學習社交互動和語言；在國中時期，青春期會大大改變人的大腦功能，因此，幫助孩子度過這個轉變就很重要；在青春期後期的高中時期，人的大腦更適於學習社交、情感和分析能力。

　　由於我不是早期兒童發展的專家，就不深入細究，而且我的目標只是處理整體的軌跡，但我要指出，所有專家都同意，在青春期（通常在九至十一歲左右開始），大腦的運作以及大腦準備學習的事物會發生大變化。這是孩子長大成人，並且更有能力、更傾向獨立思考的年齡。在這個階段，大腦自然會積極依循自我探索和自主追尋（自我導向，self-direct）而思考，可能引發具有建設性或破壞性的行為。

　　我所認識的最成功的獨立思考者有個共同特點，從十二歲左右開始就對終生探尋的主題領域滿懷熱情，且能獨立學習，後來的成就好極了。

我把這條路叫作「成功的自主追尋」之路。

　　以下說明有些簡化：沒有走上這條「成功的自主追尋」之路的人，走的不是「聽別人指示」，就是「從不良嗜好和物質中尋求獨立和刺激」的路。這三條路往往是重疊的，所以看來並不清晰而且會改變，但改變不大，因為這個階段年數不多。它們為接下來會發生的事情打下基礎，所以選擇哪條路對未來有重大影響。

　　如果你正處於人生的第一階段，請思考一下想走哪條路。如果已經過了這個階段，想想你走了哪條路，對你有哪些影響，如果你在教導這個階段的孩子，請思考你想用哪種方式指導。我建議你記下所有想法，等一下再參考。人生第一階段對你有一大挑戰，接受師長引導的比重有多大，以及相對地，獨立思考和學習的比重又有多大。整個第一階段的大部分時間（直到高中或大學畢業），你都在遵從師長的指引為人處事，並依據你被教導的方式處理訊息。

　　你沒有太多機會去自行探索想要
什麼、去弄清楚如何靠一己之力得
到；然而，這才是獲致人生所求最重
要的技能。在這個階段，尤其是在青
春期後期，接受師長指導和學會獨立
思考，對你的發展很重要。

　　高中時期通常是最有趣和最具挑
戰性的階段，因為荷爾蒙正在起作
用，本能地渴望不受師長監督所限，
並且有爭取日後更好發展的壓力（例
如，在高中取得好成績，以進入一所
好大學）。這些事通常在高中三年級
會一再發生。在此期間，你沒有太多
自己做出重要決定的空間，因為你很
可能已經沿著正軌行進，為接下來的
事情努力，比方上一所好大學。如果
你對前途很茫然，最好努力走上正
軌，不然就是自己奮發追求你想要
的，否則就會落得無足輕重，或是更
糟的結果。

在這個決定你想要什麼的關鍵階段，當你逐步思考時，請記住：

1. 雖然你可能知道你對哪些事有熱情、哪些事沒有，但你幾乎不知道哪個方向最適合你。
2. 想讓你的選項盡可能變多，最好盡量提高你對關鍵人物的吸引力。
3. 走一條你既有熱情、又賦予你最大能力好去做最廣泛選擇的路，是最有智慧的。

　　好的教育可以給你力量，也是喜樂之源。同時，感受自己被吸引到某個特定方向，而自己探索去學習並取得相關技能，也同樣重要。如果你負責引導第一階段的人（例如，你是父母親，身在第二階段），應該思考要平衡以下兩者：指引孩子，也允許孩子獨立思考和選擇。試著讓兩者齊頭並進。高中階段對親子關係而言可能頗具挑戰性。很難權衡不同選項之間的取捨，對於獨立的議題，親子的意見可能有分歧。

　　在高中畢業後，你不是上大學，就是去工作而直接進入第二階段。走哪條路（以及進入哪所大學、從事什麼工作），會讓你走上人生旅程的不同道路。人們往往無法自行做出決定，因為這將取決於導致他們走到人生這一點的環境。

　　如果你上大學，通常交友的自由和樂趣會多很多，也會體驗到更多知性上的啟發。不過，你可能很難弄清楚自己的偏好和行為方式，並且可能要打敗不安全感和／或傲慢，因為在這個階段很常見（需要幾年才能達到平衡）。在大學期間，比起自由思考，你可能仍然較受師長指引，因為大部分生活都是為你安排好的。你唯一必須做出的真正重大決定是主修哪一學門。

　　下個階段將在你畢業並開始工作時起步。你的第一份工作是做別人付錢要你做的事情，這會帶給你現實世界的經驗，是為日後生活要學的重要課題。

現在請花點時間記下你已經通過了十五個里程碑中的幾個。請注意你已經歷過「典型人生第一階段的百分比」中的多少比例。

寫下你走向哪條路，也就是說，是自主追尋高效人生之路，或是跟從他人幫你安排好的路，或是自主追尋恬淡生活之路。

現在反思。

如果你處於第一階段的前期，請注意你可能會遇到的里程碑，這些里程碑會形塑你和你的人生方向，並思考你想做什麼選擇，才能擁有美滿人生。如果你經歷過第一階段，可能已經完成大部分的事。請記下有多少事情已經確實發生，而這能幫助你了解所走過的路與典型的人生軌跡有多麼接近。如果你還在這個階段，請留意所在的位置，並看看未來十年可能發生的事，以及你關心的事。

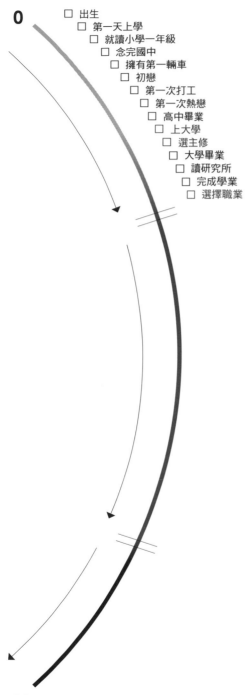

0

☐ 出生
　☐ 第一天上學
　　☐ 就讀小學一年級
　　☐ 念完國中
　　　☐ 擁有第一輛車
　　　☐ 初戀
　　　☐ 第一次打工
　　　　☐ 第一次熱戀
　　　☐ 高中畢業
　　　☐ 上大學
　　　☐ 選主修
　　　☐ 大學畢業
　　　☐ 讀研究所
　　　　☐ 完成學業
　　　☐ 選擇職業

~80

第二階段

第二階段與第一階段一點都不相似，而是恰恰相反。當你從第一階段步入第二階段時，就會走出被引導的軌道，自由做出自己的選擇，選擇範圍很廣。你可以住在世界上任何想要的地方，做任何能得到的工作，和任何想在一起的人為伴。換句話說，如果你夠聰明並且能力十足，幾乎可以做任何你想做的事。

在第二階段的第一部分，有些人嘗試和探索道路，也有些人則留在原有軌道上，在計畫投入的職涯領域中找到所能找到的最佳工作。我個人認為，在這個階段某種程度的嘗試和探索（有固定的時間限制，比如一年）是好的，因為那會讓你對新發現的自由、世界和人生有更廣闊的視野。你還會學到，可以活得自由，無需受限於人們理解中的名利地位需求，那些價值的形成通常滿可悲的，這些學習會幫助你看清生活中的風險與機會。無論你選擇

哪條道路，都會逐漸找到關注的焦點。

請記住，這是一個全新的階段，你是初學者，因此關鍵是要保持心態開放，好學習如何處理事情，進而找到處理的原則。我建議你在這個階段的初期鍛鍊洞察力，並且隨著階段進展，做出愈來愈多選擇，也要全心投入，但你永遠可以在學到新東西時改變想法。

我將把這個第二階段分為初期、中期和後期。

初期，發生在二十多歲到三十歲出頭，通常是人生中最快樂、最無憂無慮的時期。在此期間，你可能和朋友一起做有趣的事，談戀愛，並會找到打算共度一生的伴侶。在這個階段，你的職涯難度開始變高。

這時候，我希望你能注意這項原則：「把工作和熱情融為一體。和你樂於為伍的人一起完成。還有別忘了要賺錢。」

不要忽視金錢，因為金錢給了你和你負有責任的人安全、自由和其他美好事物。我敦促你做到「自給自足還有餘」，我是指賺的比花的多，把錢存起來，因為這是你獲得財務自由的唯一途徑。不這樣做，你會在經濟上依賴別人，而若是你這樣做，你的財務會很安全，並能幫助他人。

隨著你進入第二階段的中期（通常在三十至四十歲之間），將在工作和感情生活中承擔更多責任，你可能會找到另一半並開始有自己的家庭。當你第一個孩子誕生，就是你一生可能超過三分之一的記號。這也可能正逢你父母進入他們人生第三個、也是最後一個階段。這階段的工作／生活平衡通常變得愈來愈具挑戰性。

　　第二階段的後期和最後部分通常發生在四十至五十五歲左右，據報導是人生中平均而言最不快樂的階段。在工作和個人生活中獲得成功，通常比想像的要難得多。在這個階段，人們通常最擔心自己的孩子、工作、父母，以及自己夢想的生活是否已實現。這同時是某些幻想可能會破滅之時，也是離婚率最高之際。在這個階段，熱愛你的工作和人際關係更顯得彌足珍貴，因為這會讓一個人在充滿挑戰的時期保持興趣和滿足感。

　　大多數五十五至六十五歲的人結束第二階段，邁向第三階段，此時會結束職涯和撫養孩子。在這個時期的某一刻展開五到十年的過渡期，進入第三個、也是最後一個階段。

　　我希望你從自身在人生軌跡中的哪個階段,再一次查看這個階段的說明。如果你即將經歷這個階段,或正身處其中,請將說明和里程碑與自身經歷相比對。 在你審視時,請評估它是否符合自己的經歷。 無論符合與否,請寫下你想牢牢記住的要點。接著向前看,思考可能發生什麼事,並開始考慮如何應對未來十年的里程碑。尤其要考慮你最關心的人(例如,孩子和父母)在他們的人生旅程中所處的位置,他們將面臨哪些事,以及他們十年後會處在哪個位置,因為你可能希望將這些事情納入計畫。

接下來請花點時間記下你已經通過第二階段的哪些里程碑。請注意你已經通過此階段中的多少百分比。

現在就你自己的經歷做筆記,或對你未來經歷時會想反省的事物做筆記。

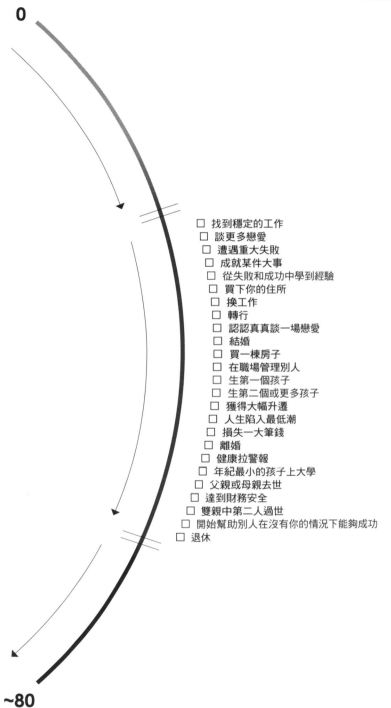

0

□ 找到穩定的工作
□ 談更多戀愛
□ 遭遇重大失敗
□ 成就某件大事
□ 從失敗和成功中學到經驗
□ 買下你的住所
□ 換工作
□ 轉行
□ 認認真真談一場戀愛
□ 結婚
□ 買一棟房子
□ 在職場管理別人
□ 生第一個孩子
□ 生第二個或更多孩子
□ 獲得大幅升遷
□ 人生陷入最低潮
□ 損失一大筆錢
□ 離婚
□ 健康拉警報
□ 年紀最小的孩子上大學
□ 父親或母親去世
□ 達到財務安全
□ 雙親中第二人過世
□ 開始幫助別人在沒有你的情況下能夠成功
□ 退休

~80

第三階段

　　第三階段與第二階段的相似之處更少，迴異之處更多。在第三階段，你有很大的自由，因為你肩上少了工作和養育子女的義務，也不必照顧離世的父母，你不必證明自己，也沒人指導你，並且你有足夠的空閒時間花在家人、朋友和最喜歡的活動上面。通常，一個人正是在這個階段有了孫輩，這幾乎被普遍認為是人生至樂（我可以證明這點）。

　　然而，就像所有的人生過渡期，從第二階段到第三階段的過渡期也需要適應。因為在前一個階段你可能很被需要，並且因而感到自己很重要，所以當你不再像過去那樣被需要時，這個過渡期可能會很難受，直到你學會愛上這個階段的生活帶來的事。

　　好消息是，根據對全世界幸福感的調查，據說這是人生中最幸福的階段，另一個好消息是你活到了這個年齡，而那些活到七十歲的人的預期餘命大約是十五年——所以大約比你出生時的人的預期餘命多了五年——而且還有許許多多美好事物。

　　在這個階段，你會擁有最多的智慧和能力可以傳承下去，以幫助別人獲致成功，而且有充裕的時間以許許多多方式品味生活。

　　如果你的過渡期很難受，我力勸你記住，如果能好好適應，這可能是你最快樂的階段，並請教能適應的人。最重要的是，放下對上一階段的執著，順其自然，發現自己可以擁有的快樂以及可以做出的重大貢獻。

可以藉由觀察孩子、父母以及自己生活的變化,來觀察自己(或其他人)在這個人生階段過渡期的位置。

　　進入第三階段時,你的孩子可能會在更能獨立時進入他們的第二階段,這會讓你享有更多自己的時間。此外,進入第三階段時,父母可能已經去世,因此照顧他們的需求也隨之消失。注意孩子和父母生活中的這些變化,作為你處於生命週期哪個階段的指標。例如,當孩子找到第一份工作然後結婚時,請注意,這意味著你處於第三階段的初期,成為祖父母時,請體認到你正處於第三階段的中期。你還可以透過在已經歷的里程碑上打勾,來查看你在人生軌跡中的哪個位置。

　　因為開始失去朋友、也許痛失老伴、有更多的病痛並思考生命的終結，走向這個階段的末尾會過得比較艱難。令人驚訝的是（至少對我而言），雖然幸福水準在最後階段的最後一部分有下降，但直到旅程結束前，相對其他階段仍然較高。

　　能順利前行的關鍵是接受生命週期 —— 包括它的結束。在這個階段，智慧和靈性往往比生命的其他時間處於更高水準，並且通常對你有好處。處理接近死亡和死亡本身的主題已有很多好的專業建議。因為我自己尚未經歷過這個階段，沒有獨特的原則可提供，我鼓勵你尋找自己的原則。

現在請花點時間記下你已經通過的里程碑，包括你已經通過此階段中的多少百分比。

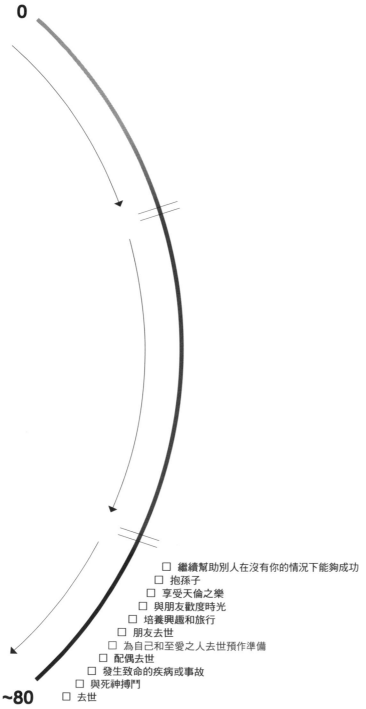

0

☐ 繼續幫助別人在沒有你的情況下能夠成功
☐ 抱孫子
☐ 享受天倫之樂
☐ 與朋友歡度時光
☐ 培養興趣和旅行
☐ 朋友去世
☐ 為自己和至愛之人去世預作準備
☐ 配偶去世
☐ 發生致命的疾病或事故
☐ 與死神搏鬥
☐ 去世

~80

規劃你的人生軌跡

現在你已經詳細檢視每個階段，可以客觀的看待自己和所關心的人。

無論你身在人生旅程中的哪一處，先回顧一下迄今為止的生活。查看你已勾選的里程碑。這些里程碑非常完整的描述人生中的大事件。補上任何你認為缺少的重要內容，也為你所愛之人補上。

現在展望未來十年。看看你生活中可能發生的里程碑和變化。看看你和所愛之人可能會有哪些不同。想想他們會發生什麼事，以及你會發生什麼事，因為你們會彼此影響。例如，你可能會看到十年後孩子（可能比你小二十五至四十歲）會離開家，而父母（可能比你大二十五至四十歲）可能是在人世的最後幾年，或者已經去世，而你將接近最具挑戰性的階段。

　　透過了解自己和他們的未來，可以開始思考如何讓這十年盡可能過得好。你愈能仔細想像下一個十年（例如，需要多少錢、時間，以及為了什麼），這十年就會過得愈好。同時也寫下任何你想牢記的想法。

　　請記住，無論處於哪個階段，都會遇到許多前所未見的事，重要的是善加因應。你可以藉著了解到很多人也曾經歷過，請教他們的感受，以總結出那些最佳原則，成為你善加因應的參考。開放心胸，不要把想法局限在你腦子裡的東西！例如，如果你正在考慮某項工作，請教你敬重的從業者，說明這份工作是什麼樣，包括工作是否隨著投入時間而進化。尋訪成功的前輩，並找出他們獲致成功所走過的路和所遵循的原則。

現在再次反省，並寫下你的想法和想做的事。檢查寫下的筆記和擬定的原則，好好保存。

　　隨著歲月流逝，你會在參考和改進這些原則中深有體會。然後，當你過渡到第三階段，想幫助人們在沒有你的情況下取得成功，你可以將這些原則傳遞給他們。

當我們完成這個練習時，我給你一個建議：盡量客觀地認識自己，才能找到最適合你的路和決策。大體而言，人生是一場發現自己的天性、找到適性道路的旅程。希望這本筆記和其中推薦的資源對你發現自己能有助益。

May the Force of Evolution be with you!

願演化的原力與你同在！

延伸資源

編按：Principles in Action App 目前尚無法在台灣使用，非台灣本地讀者可點入使用。

1. 掃描這個快速回應碼來進行
   PrinciplesYou 人格評量法

2. 觀看 Principles in Action 中
   相關個案研究

3. 嘗試這個數位版本的練習

4. 聆聽我於 TED 演講中
   描述這次慘敗經驗

5. 嘗試這個練習的數位版本

6. 嘗試這個練習的數位版本

7. 觀看 Principles in Action 中
   一項個案研究

8. 嘗試這個練習的數位版本

9. 觀看 Principles in Action 中
   一項個案研究

10. 觀看 Principles in Action 中
一項個案研究

11. 觀看有關這些原則的動畫影片

12. 觀看 Principles in Action 中
一項個案研究

13. 觀看 Principles in Action 中
一項個案研究

14. 觀看 Principles in Action 中
一項個案研究

15. 觀看 Principles in Action 中
一項個案研究

16. 觀看 Principles in Action 中
一項個案研究

17. 觀看 Principles in Action 中
一項個案研究

18. 觀看 Principles in Action 中
一項個案研究

19. 觀看 Principles in Action 中
一項個案研究

作者簡介

瑞·達利歐（Ray Dalio）從事全球宏觀投資近五十年。他是橋水公司（Bridgewater Associates）的創辦人和聯合首席投資長，橋水公司是機構投資公司的翹楚，也是世界上最大的避險基金。

達利歐生長在長島一個普通的中產階級家庭，十二歲時開始投資，二十六歲時，他在一間兩房的公寓裡創立了橋水公司，並將它發展成為《財星》雜誌評估的美國第五大私人公司。在這個過程中，他成為最高決策者的顧問，《時代》週刊也將他評為「世界上百大最有影響力人士」。因為他具有獨特的創造性和改變行業的思維方式，《ICO》和《連線》雜誌稱他為「投資界的史蒂夫·賈伯斯（Steve Jobs）」。他還被《富比士》評為美國五十位最慷慨的慈善家之一。

2017 年，他決定用一系列書籍和視頻來傳授他成功背後的原則。他的第一本書《原則：生活與工作》是《紐約時報》暢銷書第一名和亞馬遜年度商業書籍第一名，全球銷量超過四百萬本，翻譯成三十多國語言。他的第二本書《大債危機》深獲經濟學家、政策制定者和投資人好評。最新著作《變化中的世界秩序》也是《紐約時報》暢銷書，達利歐將他看待世界的獨特方式用於研究主要儲備貨幣帝國的興衰。

他的三十分鐘 YouTube 影片《經濟機器如何運作》、《成功的原則》及《變化中的世界秩序》總共有超過一億兩千萬次瀏覽。

譯者簡介

陳文和

　　輔仁大學法語研究所肄業，曾任中國時報國際新聞編譯，譯有《有錢人與你的差距，不只是錢》（商業周刊出版），合譯《活出歷史》、《無敵》、《抉擇》、《應許之地》、《我們身上有光》等書。

林雲

　　商業管理書籍資深主編。

原則：屬於你的引導式筆記

作者	瑞·達利歐 Ray Dalio
譯者	陳文和、林雲
商周集團執行長	郭奕伶
商業周刊出版部	
責任編輯	林雲
封面構成／完稿	Bert
內文排版	林婕瀅
校對	呂佳真
出版發行	城邦文化事業股份有限公司 商業周刊
地址	104台北市中山區民生東路二段141號4樓
	電話：(02)2505-6789　傳真：(02)2503-6399
讀者服務專線	(02)2510-8888
商周集團網站服務信箱	mailbox@bwnet.com.tw
劃撥帳號	50003033
戶名	英屬蓋曼群島商家庭傳媒股份有限公司城邦分公司
網站	www.businessweekly.com.tw
香港發行所	城邦（香港）出版集團有限公司
	香港灣仔駱克道193號東超商業中心1樓
	電話：(852)2508-6231　傳真：(852)2578-9337
	E-mail：hkcite@biznetvigator.com
製版印刷	中原造像股份有限公司
總經銷	聯合發行股份有限公司 電話：(02)2917-8022
初版1刷	2023年1月
初版9.5刷	2024年1月
定價	350元
ISBN	978-626-7252-01-7（精裝）
EISBN	9786267252055（EPUB）／9786267252048（PDF）

Principles: Your Guided Journal © 2022 by Ray Dalio
Complex Chinese translation copyright © 2023 by Business Weekly, a Division of Cite Publishing Ltd.
Published by arrangement with author c/o Levine Greenberg Rostan Literary Agency through Bardon-Chinese Media Agency
ALL RIGHTS RESERVED

國家圖書館出版品預行編目(CIP)資料

原則：屬於你的引導式筆記 / 瑞·達利歐 (Ray Dalio) 著；陳
文和，林雲譯. -- 初版. -- 臺北市：城邦文化事業股份有限公
司商業周刊, 2023.01
　面；　公分
譯自：Principles : your guided journal(create your own
　　　principles to get the work and life you want)
ISBN 978-626-7252-01-7(平裝)

1.CST: 自我實現　2.CST: 生活指導　3.CST: 成功法

177.2　　　　　　　　　　　　　　　111019752